Franz Miklosich

Über die Mundarten und die Wanderungen der Zigeuner Europa's

Franz Miklosich

Über die Mundarten und die Wanderungen der Zigeuner Europa's

ISBN/EAN: 9783741133787

Manufactured in Europe, USA, Canada, Australia, Japa

Cover: Foto ©Andreas Hilbeck / pixelio.de

Manufactured and distributed by brebook publishing software
(www.brebook.com)

Franz Miklosich

Über die Mundarten und die Wanderungen der Zigeuner Europa's

ÜBER DIE

MUNDARTEN UND DIE WANDERUNGEN

DER

ZIGEUNER EUROPA'S.

I.

Dᴿ FRANZ MIKLOSICH

WIRKLICHEM MITGLIEDE DER KAISERLICHEN AKADEMIE DER WISSENSCHAFTEN.

WIEN, 1872.

IN COMMISSION BEI KARL GEROLD'S SOHN

BUCHHÄNDLER DER KAIS. AKADEMIE DER WISSENSCHAFTEN.

SEPARATABDRUCK AUS DEM XXI. BANDE DER DENKSCHRIFTEN DER PHILOSOPHISCH-HISTORISCHEN CLASSE
DER KAISERLICHEN AKADEMIE DER WISSENSCHAFTEN.

Druck von Adolf Holzhausen in Wien
k. k. Universitäts-Buchdruckerei.

Die Mundarten und die Wanderungen der Zigeuner Europa's bilden den Inhalt dreier Abhandlungen. In der ersten werden die slavischen Bestandtheile der in Europa gesprochenen Zigeunermundarten nachgewiesen; in der zweiten Beiträge zur Grammatik und zum Lexikon der Zigeuneridiome geliefert, während in der dritten auf Grund einer Analyse dieser Idiome der Versuch gemacht wird, die europäische Urheimat der in allen Theilen Europa's lebenden Zigeuner festzustellen und, wo möglich, den Weg nachzuweisen, auf dem sie in ihre jetzigen Wohnsitze gelangt sind.

Die slavischen Elemente in den Mundarten der Zigeuner.

Die Sammlung enthält nicht nur die ursprünglich slavischen, sondern auch die von den slavischen Völkern aus andern Sprachen entlehnten Wörter, über welche meine im XV. Bande dieser Denkschriften veröffentlichte Abhandlung: ‚Die Fremdwörter in den slavischen Sprachen' Auskunft gibt; sie enthält ferner sowol die unmittelbar als auch die mittelbar aus dem slavischen Wortschatze stammenden, namentlich die in das Rumunische und Magyarische aufgenommenen Ausdrücke, welche in meinen gleichfalls in diesen Denkschriften, Band XII. und XXI, erschienenen Abhandlungen über die slavischen Elemente in den genannten Sprachen verzeichnet sind; sie umfasst endlich jene Wörter der Zigeunersprachen, die man für slavisch zu halten leicht verführt werden kann und von denen ein Theil wirklich für slavisch gehalten worden ist. Da ich nach Vollständigkeit gestrebt habe, so habe ich alle in den Vocabularien und Texten vorkommenden Wörter aufgenommen. Die überall nachgewiesenen Quellen machen das häufige oder seltene oder gar vereinzelte Vorkommen eines Wortes ersichtlich. Die Ordnung, in welcher die

Wörter aufgeführt erscheinen, ist bestimmt durch die altslovenische Form der slavischen Wörter: die nicht wirklich vorkommenden, sondern blos erschlossenen Formen sind durch ein Sternchen ausgezeichnet.

1. **Adъ** inferi.

adъ russ. — *ado* Hölle Böhtl. 7.

2. **ale.** *

ale čech. — *ale* verum Pott, Zeitschr. 3. 329.

3. **arbuzъ.** *

arbuzъ klruss. russ.; pol. karbuz, barbuz, garbuz, arbuz; türk. qárpûz aus pers. kharbuzeh Fremdw. 75 — *herbuzo* m. Melone Wrat. 91. *herbuzo* Mündlich; *herbuzo* (*herbuzko*) Grellmann. Pott 2. 175. *therbuzus* für *herbuzus* cucurbita Narb. Unmittelbar aus dem pol.; Pasp. 122 bietet *kherbuzó, karpúz;* bei den Zigeunern in Asien lautet das Wort *kherbizn.*

4. **ѫborъkъ.** *

uborokъ aruss.; čech. úbor, úborek; pol. wębor, węborek aus ahd. einbar Eimer Fremdw. 75. — *emborka* Pott 1. 99. Unmittelbar aus dem pol.

5. **ѫda** hamus

węda, demin. wędka pol. — *reudka* Angelruthe Pott 1. 99; 2. 78. Unmittelbar aus dem pol.; *undica* (*undiça*) hameçon Vaill. Dagegen beruht *butiča* (*battitcha*) Bisch., *putiča* (*puti-tcha*), wenn es hieher gehört, auf kroat. vudica. Vergl. auch *tiza* (*tizza*) Angelruthe Wrat. 119.

6. **baba** anus

baba nsl. kroat. serb. u. s. w. — *bába, bíbo* f. avia Séd. Pasp. 42. 119. 154. *baba* vieille Vaill. *babarícsa* (*baburtcha*) demin. ibidem; *baba* Vocabul. Bulg. baba in der Bedeutung pater ist vielleicht entlehnt Fremdw. 76 und stammt aus derselben Quelle wie zig. *babo* pater Asiat. Pasp. 119.

7. **bale.** *

bale mucus serb. — *bale* bave, écume Vaill.

8. **balega.** *

balega fimus serb. — *badiga* fiente, fange Vaill.

9. **banja** balneum.

banja labrum nsl.; serb. banja u. s. w. — *banja* (*bagnia*) balneum Pasp. 42. 154. *banjakoro* (*bagniakoro*). Ein mit diesem Wort verwandtes *banjo* (*banjio*) wird mit pol. bania grosser bauchichter Krug, Kürbiss zusammengestellt. Pott 2. 176. *banja* balneum stammt aus dem bulg.

10. **baranъ** vervex.

baran ovis, agnus slovak. pol. — *baranji* m. Lamm Vocabul.

11. **barna.** *

barna bos subfuscus čech. — *barnavo* adj. braun Vocabul.

12. **barva.** *

barva klruss.; pol. barwa u. s. w. — *barra* f. Farbe Wrat. 81. Aus dem čech. oder pol.

13. **basnъ** fabula.

basen bulg. — *bizna* conte Vaill. *basnó* 58 *bezne* contes 88.

14. **bašta.** *

bašta pater bulg. Fremdw. 5. Slavische Elemente im Magy. 19. — *báčika* Väterchen Müller 183: das zig. Wort scheint unmittelbar aus dem Magy. zu stammen, wobei ty durch č ersetzt wird, wogegen jedoch *bato, batu* m. father. padro der span. Zigeuner Borr. eingewendet werden kann.

15. bažantъ.*

bažant čech. pol. — bažantos m. Fasan Wrat. 81.

16. bezdъna abyssus.

bezna jama kroat. — bezna ténèbres; bezne nuage; bezno ténébroux Vaill. ma liz nmen andro bezna ne nos inducas in tentationem Grellm. 316. Aus rumun. beznъ.

17. běda vis.

běda (ach běda skutka mého); bida Noth čech.; pol. bieda. — bjeda: bjeda tuuenge! weh euch! Pott 1. 316. bjida Gefahr 2. 483. bida affliction, chagrin; bidalo affligé; bidan j'afflige Vaill.

18. bělъ albus.

bělyj russ. u. s. w. — bělo m. běla f. weiss Böhtl. 9. bjalo (bialo); bjalo gib weisses Getreide, Weizen Liebich 128.

19. blato palus.

blato nsl. serb.; čech. blato — blata lutum Alter 105. Pott 1. 110. Weder pol. noch russ.

20. blavatъ.*

blawat centaurea cyanus; blawy blassblau pol. — blaruvlo adj., blavitke adj. blau Wrat. 129. blaruvla blau; blavendi Pflaume Liebich 128. 129. Das pol. blawy ist das deutsche blau, mhd. blâ, gen. blâwes. Vergl. blavunô blau skand. Sundt.

21. blaznъ error.

blazen stultus nsl. — Vergl. blagra flasque; blago, bleko nisis Vaill.

22. blądįti errare.

błądzić irre gehen pol. — blandšerava (blundshevara) Pott 1. 728. blądziskirava errare Narb.

23. blěsko.*

blesku čech.; pol. blask. — bleskus m. Blitz Wrat. 82. Aus dem čech.

24. bljudъ patina.

blid écuelle Vaill. Rumun. blid.

25. bobъ faba.

bob nsl. serb. u. s. w. — bob pois, fève, haricot; bobi grain, graine Vaill. bopf m. Pasp. 46. 182; bobes plur. Borr. und bôbis Laban bei den span. Zigeunern Campuz.; bobi, babi pea bei den engl. Harriot 552. bobo m. Wrat. 124. bobo m. Kukuruz, Hülsenfrüchte Vocabul. bobolia plur. demin. Pasp. 183. bolbus in Liefland Pott 1. 105. Vergl. 2. 406.

26. bogynji dea.

boginje plur. serb. neben krasto und ospico variolae. — boginja (boginâ) Pocken Puch. 86. Blattern Vocabul. bogina Wrat. 85. Pott 2. 896. Räthselhaft: Verwandtschaft mit deutsch Pocken ist nicht anzunehmen; ist es ein Euphemismus? Man beachte ngriech. εὐλογία Segnung neben εὐλογιά Blattern. Vergl. buttingo Blattern Liebich 229.

27. borovica.*

borovička Wachholderbeere slovak. Slavische Elemente im Magy. 30. — borovička f. Branntwein Vocabul., eigentlich Wachholderbranntwein.

28. božičъ.*

božič nsl.; serb. božić festum nativitatis Christi, eigentlich demin. von bogъ, daher etwa Gottes Sohn. — bažič m. Feiertag Wrat. 85. Rotw. bošica (boshitza) Weihnachten Pott 1. 101; 2. 429. boschitza Liebich 129. Christus heisst dem Zigeuner tarno devel der

junge Gott, oder *dikno devel* der kleine Gott, im Gegensatz von *puro devel*, der alte
Gott 35. 132. 188. 208. Vergl. *vasita* f. Weihnachten Vocabul.

29. brana.*

brana nsl., serb.; čech. brána; russ. borona; pol. brona Egge. — *brana* occa Alter
166. Pott 1. 110.

30. braniti defendere.

braniti nsl., serb.; čech. brániti; pol. bronić. — *braniskirawa non* tueri, richtig tueor
me Narb. *braninel* verb. wehren Wrat. 83. 165. Vergl. *irinel* he writes Borrow, The
Zincali 264. von magy. ir und vieles der Art.

31. brazda sulcus.

brazda nsl., serb. — *braza* raie, sillon Vaill.

32. brěgъ ripa.

brěg nsl.; serb. brijeg ripa, collis. — *preko* Ufer, Rand, Damm; *baro preko* grosses
Ufer, Verschanzung Pott 1. 71; 2. 416. Daneben deutsch *bergos* m. Berg Wrat. 82. *bérga*
(supra) Böhtl. 265.

33. brъžiъ.*

boržč russ. — *o borč* le borche, potage aigre Vaill.

34. brъvъno trabs.

brvno, bruno nsl.; serb. brvno; čech. břevno. — *bruno* m. Baum Wrat. 83.

35. budovati.*

budować pol. Fremdw. — *budyskirawa* exstruere Narb.

36. bujno audacter.

bujny üppig, übermüthig pol.; čech. bujný u. s. w. — *bujno* adj. stolz, hochmüthig,
prächtig Pott 2. 407. *baro* stolz bei den skand. Zigeunern Sundt, Bugge Beiträge 1. 143.

37. buniště.*

buniště, bunjište Auskehricht serb.; vergl. bunina Dünger. — *bunistu* m. fiente,
excrémenta des animaux Pasp. 190. Rindviehdünger Wrat. 83. Mit den serb. Wörtern
hängt zusammen ngriech. βουνιά boune, das seinerseits an βουνός Hügel, Haufen erinnert.
Das zig. Wort stammt wol unmittelbar aus dem serb.: an das romanische Suffix ista
Diez 2. 393. ist nicht zu denken.

38. burja procella.

burja nsl.; serb. bura u. s. w. Fremdw. 80. — *báros* procella Alter 81.

39. bykъ taurus.

bik nsl. serb.; čech. býk, das bejk lautet. — *bejlos* (*beikos*) Puch. 81. aus dem
čech. *bika* Stier Mündlich.

40. bъčъva.*

bačva nsl. serb.; bulg. bъčvъ dolium. — *bišta* (*bištka*) pressoir Kelter: das durch
Umstellung von č und v entstellte Wort bedeutet auch fouloir Walkholz Pasp. 42. 183.
Hieher gehört auch *bečka* (*betchka*) Pott 1. 99. *bórka* (soppa) cadus Alter 174. Pott 1.
110: čech. bočka, pol. beczka.

41. bъdъnъ.*

bedenj nsl.; serb. badanj. — Vergl. *budílka* f. tinette (Gelte, Ständer) Pasp. 42. 189.

42. bъklъ.*

bъkъl Wassereimer bulg. Cank. 157. bъkliъ f. eine platte hölzerne Flasche ibid. —
bъkla f. flacon Pasp. 189.

43. **canьkъ.**
cañk, cank, demin. cañček Gebiss am Zaum čech. — canječkos (canečkos) m. Gebiss Puch. 22.

44. **cedula.**
cedulo Zettel čech.; lat. schedula Fremdw. — cedla f. Wrat. 84. cedula Müller 193.

45. **cêlъ integer.**
cêl nsl.; serb. cijel u. s. w. — celo adj. ganz Wrat. 132. celo (zelo) Pott 2. 256. celo (zelo) Liebich 168. čelo (tschelo) Pott 2. 491. cîle Müller 175, 193. cilu Vocabul.

46. **cêpênъ rigidus.**
čopen solide, fort, dur Vaill.

47. **cêsarь imperator.**
cesar nsl. serb. u. s. w. Fremdw. 9. Slavische Elemente im Magy. 22: császár. — čósari Kaiser Müller 173. Das zig. Wort ist unmittelbar aus dem Magy. entlehnt; cîru Ilcss.

48. **cêvъ fistula.**
cêv nsl. Slavische Elemente im Magy. 22: csóv, csöve. — čiva f. Röhre Vocabul.

49. **cipeliъ.**
cipeliš nsl.; serb. cipela Fremdw. 9. — čipejnica f. Schuh Vocabul. Magy. ezipellő Frauenschuh; czipó Mannsschuh.

50. **čadъ.**
čadъ Dunst russ. — Vergl. šleg Nebel Bess. aus *čadъci.

51. **čakati exspectare.**
čakati nsl.; serb. čech. čekati; pol. czekać u. s. w. — d'akerav, d'ukerrav (dschakerraf, dschakkerraf) warten, hoffen Pott 1. 433. Richtig wol čakerav.

52. **čara.**
čara Schüssel russ.; pol. čara. — čiro m. Schüssel; čirozi f. demin. Puch. 37. czaro catinus Narb. tscharo Napf Pott 2. 198. tscharo Liebich 163. Das Vorkommen des Wortes bei den türkischen und ungrischen Zigeunern: čaró (tcharó) m. assiette Pasp. 551. čaroro (charoro) cup hung. Bright LXXXIV. čaro Schüssel Mündlich. čaro m. Vocabul., spricht gegen die Entlehnung aus dom russ.

53. **čarovati incantare.**
czarować pol. — čovarava (čovarava) praestigiari Narb.

54. **časъ hora.**
čas nsl. u. s. w. — čase m. Zeit Puch. 55. Pott 1. 105. tsazos hora Grellm. 316. čus heure Vaill. 74. čặsu Bess. tsắr heure; časornik montre Vaill. 79.

55. **čatorъ.**
čatorъ tabernaculum Fremdw. 56. — čater (czater) tabernaculum Narb. namiot przenośny 57. čatra tente; čatrav tentier Vaill. Rumun. 53.

56. **čchъ čechus.**
čech čech. — čchiko adj. böhmisch Vocabul.

57. **čekanъ malleus.**
čukanu marteau Pasp. 124. neben kutála bei den Nom. für sivrí der Süd.

58. **čelo frons, frontis.**
čolomъ biti supplicare russ. — čalom d. i. bäju Böhtl. 17.

59. **čopьcь.**

čepac serb.; čech. čepec. Slavische Elemente im Magy. 23: csepecz. — čepka f.
Haube Vocabul.

60. čerga.*

čerga Zigeunerzelt serb.; bulg. čergъ Teppich. — čérga f. (tchérga) tente Pasp. 43.
584. cerha Puch. 37. cerka (zerka) Tuch Liebich 168. Das in das ngriech. und alb. auf-
genommene Wort ist vielleicht türk. Ursprungs. Man merke auch cerha f. Pflaster Puch. 37.
Wrat. 84. Pott 2. 255.

61. česati pectere.

česati nsl. serb. u. s. w. — česn je démange; čes démangeaison Vaill.

62. česnъkъ.*

česnek nsl. — česnjako m. Knoblauch Vocabul.

63. četa cohors.

četa serb. — četi coetus Narb. čata troupe, multitude Vaill.

64. četati iungere.

četino assembler; četino in der Bedeutung ,lesen' ist wohl nsl. čьtą, čisti.

65. četvrъtъkъ dies iovis.

čtvrtek čech. — čtvrtkus m. Wrat. 87.

66. činъ ordo.

čin Rang, Würde russ.; rum. čin ordo. — čin honneur Vaill. 35. čin duo j'honore 69.
čino, činel (chino, chinel) a person of official rank Borrow.

67. čislo numerus.

čislo nsl. — cisla quote-part Vaill.

68. čoha.*

čoha eine Art Mantel nsl.; serb. Tuch; ngriech. τζόχα Fremdw. 82. — čorha f. Weiber-
rock Wrat. 87. tchorha Bisch. čukka (tjukka) Frauenkleid skund. Sundt. neben dem vielleicht unrichtigen cucha vestis Narb. rochu Wrat. 85; vergl. jedoch čerka und cerha Pott
2. 178; Liebich 159 bietet zocha Frauenkleid. choho broad cloth, chaho coat bei den
Zigeunern in England Harriot 541. chorkeas coat Bryant; chuji, chujinila d. i. čuhi,
čuhinila f. petticoat. saya, enaguas Borrow.

69. čorba.*

čorba nsl. serb. Fremdw. 10. — čorba soupe Vaill.

70. črěda grex.

črěda nsl. Slavische Elemente im Magy. 24: csorda, csordás. — čorda f. Heerde;
čordáš m. Schweinehirt Müller 174. Vocabul. Vergl. krъdъ.

71. črěpъ testa.

črěp nsl. — čiripos m. Scherben Puch. 22. Pott 2. 20⁰. čěrpo m. Scherben Müller 187.
Vocabul. čiripos stammt unmittelbar aus dem magy. cserép. Slavische Elemente im
Magy. 24.

72. črěšnja cerasus.

črěšnja nsl. u. s. w. Fremdw. 10. — čireš cerise Vaill.

73. črěvij calceus.

črěvolj nsl.; bulg. carvuli sandul made of skin, worn by shepherds and peasants
Morse, cъrvuli; pol. trzowik. — čеrrali m. (tcherráli) sandale Pasp. 535. aus dem bulg.;
trirtka Schuh Böhtl. 20. aus dem pol. Vergl. noch cerule nippus, hardes Vaill. cirach
Schuh Wrat. m. 85. cirach f. 86, das von cirach f. Puch. 37. ngriech. τζαρούχια nicht zu trennen

im Pott 2. 256. Über τζερβούλια und τζερβουλωταί habe ich in den slavischen Elementen im Ngriech. 30 gehandelt und bemerke hier, dass ich die in den Studien von G. Curtius 4. 295. versuchte Ableitung von καρβατίνη, nicht für richtig halte. Daselbst wird aus Deville angeführt τζερβούλα sandale grossière qui s'attache avec des bandes de cuir; en Chalcidique τζερβούλον; en Crète τερβούλι.

74. čudo miraculum.
čudo nsl. serb. u. s. w. — čmi ètonnement; čudut ètonnant Vaill.

75. čuma.*
čuma serb.; bulg. čjumъ u. s. w.; rumun. čumъ; magy. csuma Frendw. 83. — chma (tchúma) f. peste Pasp. 48. 554.

76. čutura.*
čutura, čutura eine hölzerne Flasche nsl.; bulg. čuturъ u. s. w. Fremdw. 11; türk. čútra. — Vergl. kuturui, kuturui f. gourde, calebasse Pasp. 274.

77. čuvikъ.*
čuvik, kuvik čech.; magy. csuvik, kuvik; rum. čovikъ. — čučika f. Eule Wrat. 129. tchuvikka Bisch. Pott 2. 190.

78. čuždъ alienus.
čužij fremd russ. — čižo Böhtl. 9. 16. Vergl. cosuo (zosuo) fremd Pott 2. 256.

79. čъso quid.
co čech. — co quid Pott, Ztschr. 3. 334.

80. dalьnъ longinquus.
dalьnij russ. — ddlnjo Böhtl. 16.

81. darmo.*
darmo gratis čech. pol. — darmo umsonst Pott 1. 324 aus Zippel.

82. darovati donare.
darować pol. — dariskirava concedere Narb.

83. dąbъ quercus, arbor.
dąb, gen. dębu Eiche pol.; čech. dub. — demlon quercus Alter 131. Pott 2. 314. demhgro (χεμ6μγρο) Eiche Böhtl. 204.

84. dimije.*
dimije f. plur. lange und weite Hosen von leichtem gefärbten Zeug serb. — dimí, dimís m. f. pantalon Pasp. 209. dimí f. plur. Pantalonhosen Wrat. 88; Ascoli 10. vergleicht dômân, tûmân bei Meninski, Paspati griech. δίμιτον.

85. dira scissura, davon dirъka.*
dziura aus dziora, das ein asl. dora voraussetzt, Loch pol.; čech. dira. — dzirka foramen Alter 118.

86. divij ferus.
divji nsl. u. s. w. — dirjo (divlo) adj. wild, toll Liebich 132. Bisch. Pott 2. 318, wo auch dziko (dschikko) aus pol. dziki angeführt wird; dirjider Comparativ wilder Pott 1. 209.

87. diviti sę mirari.
diviti se serb. čech. — pes dirimel se divi wundert sich Puch. 71.

88. divъ miraculum.
dziw pol.; čech. div. — dsivo miraculum Alter 125. Pott 2. 258. Aus dem pol.
89. dlъgъ longus.

dug serb.; pol. dłngi. — *drago* adj. lang Puch. 39. Vocabul. *duges* adv. Wrat. 142. *dugipen* m. Länge. Puch. 39. *dlugö* longitudo (für longus) Alter 117. Pott 2. 807. *o dŭgo drom* der lange Weg Müller 189.

90. do ad Adverb, Praefix, Praeposition.

do in allen slavischen Sprachen. — *te dorostés* (τε δοροστές) erlangen Böhtl. 267. Vergl. *dotradawa* pellere Narb.

91. dojka.*

dojka nsl. Slavische Elemente im Magy. 25: dajka. — *dajka* f. Amme Vocabul.

92. dolъ fovea.

dol Thal nsl.; čech dôl, pol. dół. — Vergl. *andro doligos* im Thale Wrat. 79.

93. dosyta ad satietatem, satis.

dosta nsl. serb. u. s. w. — *dosta* genug Pott 2. 808. *dŏsta* Müller 192. *dosto* adj. genügend Vocabul. Das Wort findet sich bei den span., skand. und engl. Zigeunern: *dosta* enough. basta Borrow; *dostu (doschtu)* genug skand. Sundt. Bugge, Beiträge 1. 149 *dusta* plenty, enough Harriot 552.

94. dragъ carus.

drag bulg. serb. u. s. w. — *mange drago* mir ist lieb Heuf. 51.

95. drobъ.*

drob intestina serb. — *drob* tripes Vaill. Rumun. drob fragmentum.

96. dromъ, drumъ via.

drum serb. bulg. Fremdw. 85. — *drom* m. chemin Pasp. 38. Müller 156. Böhtl. 21. *drom, trom* Wrat. 121. *trum* Liebich 162. *drom* in Süditalien Ascoli 131. *báro drom* Strasse 81. *drom, pudrum* Pott 2. 318. *drun* Weg bei den span. Zigeunern 2. 468. In Asien *puthün* Pasp. 120. *pathon* 417.

97. drъzъ audax.

dirilzo (dirjo) téméraire, audacieux; *dirillie (dirjie)* témérité, audace Vaill.

98. duhъ spiritus.

duh nsl. bulg. serb. u. s. w. — *dükhos, dükko* m. air Pasp. 219. *tucho* n. Hauch Wrat. 114. Luft 143. *diko* spiritus Alter 70. *tucho* Hauch, Athem Liebich 166, и *tacho* Lunge Bisch. Pott 2. 306. Vergl. *dmuni* l'ouverture du soufflet Pasp. 44. *maluko* Finsterniss, cig. nicht liebt, vergl. man mit russ. duchъ, dem zig. *funó* entspricht Bêlg.

99. duma.*

dumъ verbum; duma loqui bulg.; russ. duma cogitatio, consilium; dumatъ cogitare; pol. duma cogitatio; dumać cogitare Fremdw. 85. — *duma* raison, parole; *dumao je raisonne* Vaill. *duma* f. Sprache Puch. 39. Wrat. 68. *duma* Gedanken Böhtl. 16. *dumiskirdjus* (думискардэи) ich habe durchgedacht Böhtl. 16. Pott 2. 314. Die böhmischen Zigeuner gebrauchen das Wort in der bulg. die russischen in der polnischen und russischen Bedeutung. Den böhmischen schliessen sich die rumunischen und ungrischen an: *me dav duma ungrika, sirbiska, romanes* ich spreche ungrisch, serbisch, zigeunerisch Mündlich. *me dao duma je parle* Vaill. 51. Das Wort ist in die Sprache der rumunischen, ungrischen und mährisch-böhmischen Zigeuner aus dem bulgarischen aufgenommen worden.

100. dybati clam ire.

dybać schleichen pol. — *dibao je tâtonne* Vaill.

101. ela.*

ela bulg. serb. Fremdw. 86. — *ela* vicus 861. Pasp. 120.

102. forman.*

forman čech. aus dem Deutschen. — *formanos* m. Fuhrmann Wrat. 89.

103. friško.*

friško čech. aus dem Deutschen. — *friska* frisch Pott 1. 99.

104. gajda.*

gajdъ bulg.; serb. gajde, gadlje Fremdw. 89. — *gajda (gaida)* cornemuse Pasp. 238.

105. galuška.*

haluška Kloss aus Mehl čech.; baluška Podol. — *haluški* Nudeln Pott, Ztschr. 3. 329.

106. gavranъ corvus.

árrani gárrani siz κόρακι: *árrani gárrani kammrél to kher* ta maison sera anéantie Pasp. 143.

107. gazda.*

gazda paterfamilias Hauswirth nsl. serb. klruss. slovak. pol. Fremdw. 89. — *gádžo* m. Hauswirth Puch. 89. 79. Bauer, Bote Wrat. 90. Wirth. 121. Bauer Vocabul. *gadžo* Bauer Böhtl. 20. 263. *gadče* (гаджэ) plur. Russen, auch Deutsche Böhtl. 20. *gadžo* Unger Müller 179. *gadžesko* adj. bäuerisch Wrat. 121. Alle Bedeutungen von *gadžo* erklären sich aus der von gazda im Magy. und in den slavischen Sprachen, und wenn der Zigeuner in Deutschland den Deutschen, in Ungern den Unger, in Russland den Russen *gadžo* nennt, so bezeichnet er damit natürlich die sociale Stellung, nicht die Nationalität. Pott 1. 43; 2. 129. 131: *gadžo* ist der Nichtzigeuner, wie Vocabul. Liebich 135 das Wort erklärt. Da jedoch das Wort *gadžó (gadjó)* m. in der Bedeutung étranger Pasp. 235. *gadžuno* adj. étranger Pasp. 120. auch bei den asiatischen Zigeunern bekannt ist, so erweist sich diese Zusammenstellung schon dadurch als unrichtig. *gázda* Gebieter Müller 174.

108. gazuka.*

hazuka langes Kleid, Kutte čech. Fremdw. — *hazika* Rock; *haziěka* demin. Puch. VII. 41. *hazika* Männerrock Wrat. 91. Pott 2. 176.

109. gaždati.*

házeti iterativum von hoditi: hoditi se k něčemu sich in etwas finden čech. — *hadzinel* verb. finden Wrat. 130. *hadžindwa, hadžrhindwa* Liebich 197.

110. gąstъ densus.

gõst nsl.; bulg. gъз aus gõst; serb. gust u. s. w. — *gostó* adj. épais, dense Pasp. 248.

111. gąsь anser.

gъsкъ bulg. .— *gansa* oie; *gansak* jar Vaill. Rumun. gъnsкъ.

112. gladъkъ laevis.

gladek nsl.; bulg. gladъk u. s. w. — *glatko* adj. glatt Pott 1. 99.

113. ględěti spectare.

hleděti, hledím čech. u. s. w. — *hidinel* verb. spähen, anschauen, auskundschaften Wrat. 91. 120. Aus dem Čech. Dagegen stützt sich *glenderi* f. neben *špiglos* (richtig wol *špiglos*) Spiegel Wrat. 156. auf das Pol. Vergleiche uglodalo.

114. gliva.*

gliva fungus, struma serb.: daraus magy. gelyva, golyva Eichenschwamm, Kropf. Slavische Elemente im Magy. 27. — *geljva (geľra)* f. Kropf Puch. 39. *gelra* Wrat. 90. Vocabul. *geljralo (gelralo)* adj. kropfig Puch. 39. Unmittelbar aus dem Magy.

115. gnoj pus, stercus.

gnoj Eiter, Dünger nsl. bulg. serb. — *gnojus, gnaju* Mist Pott 1. 107. *gunój, konój* (*gonói, konói*) fumier Néd. Pasp. 120. 247. 290. *špr o gunojo* auf dem Dünger Müller 174: dieses stammt unmittelbar aus dem Magy. Slavische Elemente im Magy. 27: ganaj, gunéj. Bei den Zigeunern in Asien ist das Wort unbekannt.

116. godanь placens.

goden nsl. in der mit godь tempus zusammenhangenden Bedeutung maturus; čech. hodný aptus, dignus. — *hojno* (*hoino*) adj. vortrefflich, tugendhaft, schön, manierlich, anständig, fleissig Pott 2. 174, 539. Liebich 140. *hnyno* virtus Narb. *o hoino mannurá* der Tugendhafte Pott 1. 308. Verwandt ist auch *gito* decorum: klruss. hožyj; russ. gožij pulcher; čech. heský.

117. golǫbь columba.

golôb nsl.; čech. holub; pol. gołąb u. s. w. — *hulubos* m. Taube Wrat. 91. *hulubi* Pott, Ztschr. 3. 330. *gulúbn* Bess. *gúlubien* Müller 164. *golúmbn* m. Bőhtl. 20. *gulumbos* Alter 164. *kolumbus* Narb. *gúlambo* Müller 182. Slavische Elemente im Magy. 28.

118. golъ nudus.

gol nsl. u. s. w. — *gol* nu, chenu, vide; *gulisuro* je vide Vaill.

119. gorьkъ amarus, im Comparativ gorij peior.

gorek nsl.; bulg. gorko weh; serb. gorak und grk u. s. w. — *gorko* adj. bitter, schlecht Wrat. 90. *girku* méchant — bei den Zigeunern in Asien unbekannt — Pasp. 246. *gorkibé, gorkipé* méchanceté 127. 247. *kirkó* Bőhtl. 19. *kirku* neben dem wol falschen *dirko* Wrat. 123. *kirko* bitter Liebich 142. *kirko* amarus Narb. *kirki*, das Femin. zu *kirko*, bedeutet nach Bőhtl. 262. auch Senf, womit asl. gurjuha und nsl. horltica, boršičen, eig. die bittere, zu vergleichen ist; Pott 2. 109. kennt *kerki* Branntwein aus Heister; *kirko* adj. bitter Puch. 42. *krko* Wrat. 95. 123. *kerkó* amer Pasp. 283. *kerkipé* amertume ibid. *kirku* Vocabul. u. s. w. gehen auf grk zurück. Pott 2. 109.

120. gospožda domina.

gospoja serb. — *thár sina gospojina ėšta pirja kőlumpirja* gestern waren der Hausfrau sieben Töpfe Erdäpfel Müller 203.

121. gostь hospes.

gost nsl. serb.; bulg. gos aus gost; čech. host. — *hustus* m. Gast Wrat. 91.

122. gotovъ paratus.

gotov nsl. u. s. w. — Vergl. *gata* prêt; *gati* préparation Vaill. *gatisar* préparo imperat. 54. 71.

123. govędarь bubulcus.

govedar bulg. serb. — *goredár* m. bouvier Pasp. 45. 249.

124. grabiti rapere.

grabiti nsl. serb. u. s. w. — *graba* hâte; *grabun* diligent; *grabisaru* je hâte Vaill. *de grab* tôt 56. Rumun.

125. gradъ grando.

grad Hagel russ. — *gradus* Alter 83. Pott 1. 101.

126. grahъ faba.

grah Erbse nsl.; serb. grah Erbse, Fasole; bulg. gruh Erbse. — *gráhos* m. pois Pasp. 249. *graho* Mündlich. Vergl. *chřichil* Erbse Puch. 70. *krihil* Wrat. 91. Pott 2. 167. *hirhyl* pisum Narb. *hiril* skund. Sundt.

127. gražda stabulum.
graid écurie Vaill.

128. grąbъ imperitus, malus.
grôb nsl.; russ. grubyj. — grúbo adj. crassus Alter 215.

129. greblja.[*]
greblja: grobljica rutabulum nsl. — grebla herso Vaill. Rumun. greblъ pecten foenarius.

130. grěhъ peccatum.
grěh nsl.; serb. grijeh; bulg. grěh u. s. w. — grecho m. Frevel Wrat. 121. Liebich 138. grecas Sünde, Tadel; crejéte plur. sina. pecados bei den span. Zigeunern Borr. Pott 1. 106; 2. 144; ebenso bei den skand. grikka Bugge, Beiträge 1. 149. me greckerava ich mühe mich, ich trauere Pott 1. 425. Damit vergl. man hinsichtlich der Bedeutung: 'trauern' čech. po hříchu leider formula dolendi. gresisardem j'ai fait erreur Vaill. 56.

131. gręda trabs.
greda nsl. serb. — grinde os pubis Vaill. Rumun. grindъ trabs.

132. grobъ fovea, sepulcrum.
grob nsl. bulg. serb.; čech. hrob u. s. w. — hrobas Grab Puch. 53. grobku fosse, fossé Vaill. Vergl. gower Grellmann; kalr tumulus Narb.

133. gromъ tonitru.
grom nsl. sorb. — grammos tonitru Narb.

134. grošь.[*]
groš nsl. serb. u. s. w. Fremdw. 19; magy. garas. — gerašis m. Groschen Puch. 39. gerasis für gerašis Wrat. 90. Unmittelbar aus dem Magy. Pott 1. 62.

135. groziti minari.
groziti nsl. serb.; čech. hroziti. — hrozinel verb. drohen Wrat. 91.

136. gruda globa.
gruda nsl. u. s. w. — grudja f. Scholle Vocabul.

137. grъkljanъ.[*]
grkljan serb. — gurkljánko Schlund Bisch. gurjankus Schlund Pott 2. 96. Vergl. grъtanь.

138. grъlo guttur.
grlo nsl.; bulg. grъlo guttur; serb. grlo guttur, vox; čech. hrdlo u. s. w. — kirlo m. Stimme Puch. 42. krlo Wrat. 95. kyrló guttur Alter 28. kirla gula Narb. kurló clamor Alter 55. kurló m. cou, gorge Pasp. 44. 299. garló Hals. Aus Süditalien Ascoli 129. kurlo throat bei den Zigeunern in England Harriot 556. querlo neck, throat, pescuezo Borr. bei denen in Spanien. gerrlo Gurgel Bisch. Pott 2. 96. Vergl. gorla rivière und gorluu plongeon Vaill. kerlo tibia Vaill.

139. grъměti tonare.
grměti nsl.; bulg. grъmi es donnert; čech. hřměti u. s. w. — kerminal (richtig kerminel) es donnert Puch. 40. hrminel Wrat. 91. krmisagos m. Wetter Puch. 40. krmisagos (richtig krmisagos) Donnerwetter Wrat. 91. krmisagos (richtig krmisagos) 126; kurmi tonnerre Pasp. 300. ist bulg. grъmi.

140. grъnilъ fornax.
Vergl. gôran Heerd Bess.

141. grъtanь guttur.
grtanec nsl. — grtjano Gurgel Mündlich; gerkanji f. Vocabul. Vergl. grъkljanъ.

142. guljaka.*

guljaka Faulenzer russ. — guljika Böhtl. 7.

143. gumnuo urra, horreum.

gumno nsl.; čech. humno. — humno f. Tenne Puch. 40. plur. Tenne, Scheuer Wrat. 91.

144. guša.*

guša Unterkinn bulg.; serb. guša guttur, iugulum, struma. — guša (guharka) Bisch. Pott 1. 110; 2. 132. Unrichtig sind wohl guša (guša) goître; guši gésier; gušo goitreux Vaill.

145. gvozda, gvozdij clavus.

gozdij bulg.; pol. gwoździ, gоździ u. s. w. — grozdou clavus Altor 177. gušdžin (guškluškis) Pott 1. 106.

146. gyzdavz*; gyzdavo adv. superbo.

gizdav nsl. serb. — gizdavo adj. stolz; gizdaripe m. Stolz Vocabul. Vergl. gisero adj. (vielleicht für gizero) stolz Wrat. 90. gireau adj. hochmütbig; gireau adv. Wrat. 137. gizéro, gireza (gisero, gireau) stolz Liebich 137. gisero čirikló der stolze Vogel, Pfau Wrat. 148.

147. gudela.*

gudel mt je es kitzelt mich bulg. — gidan je chatouille Vaill.

148. hasen.*

hasen Nutzen nsl.; serb. hasna Nutzen; hasnovit nützlich Fremdw. 20; magy. haszon. — hasno adj. tauglich Puch. 40. Wrat. 91. hasuu m. Nutzen Vocabul.

149. hašta,* hutk.*

chut Appetit čech. — chutu Puch. 55.

150. hodznika.*

chodnik Steig, Fussteig čech. — cholnikus m. Fussteig Wrat. 84.

151. holeva.*

choleva Stiefelschaft pol.; oserb. kholova, im plur. Beinkleider; nserb. cholovy. — chólova Hose Puch. 41. cholova, cholobha f. Wrat. 84. holar m. Beinkleid Vocabul. aud i holar in div Hosen Müller 168. cholih Hose; cholibja Hosen Liebich 130. holef breeches kang. Bright LXXXII. holorai engl. ibid. holares stockings bei den engl. Zigeunern Harriot 554. cholorí (толочи) plur. Böhtl. 15. 20. holliva Strümpfe skand. Sundt. chollob Bisch. holds jambe de pantalon Vaill. ulibius stockings. medina Borr. cholou femiualia Narb. cholorengero Hosenmacher Puch. 41. cholorengéro Wrat. 84. Pott 2. 169.

152. hotz.*

chuč obgleich pol. — choč (choluch) obgleich Pott 1. 315.

153. huliti blasphemare.

huliti serb.; bulg. huli. — huli diffamation; hulo diffamateur; hulisaro je diffame Vaill.

154. hvala laus.

fala bulg. — fala ostentation; fulaila vaniteux Vaill. Rumun. 51.

155. hybiti.*

chybiti fehlen čech. — chibinel verb. Puch. 67.

156. iskra scintilla.

iskra nsl. serb. u. s. w. Slavische Elemente im Magy. 31: szikra. — sikra f. Funke Vocabul. Unmittelbar aus dem Magy.

157. istěrjati.*
isterjati aufwenden, verthun russ. — sterjal verloren Böhtl. 15.
158. iatъba, izba tentorium.
izba nsl. serb. pol. u. s. w.; čech. jizba Frenndw. 21. — izba camera Narb. izba
Danil. 106. izba chambre Vaill. Stube Pott 2. 65, izma (izma) Gemach Bisch. Liebich
201. hirp Stube bei den skand. Zigeunern Sundt, Buggo, Beiträge 1. 149. Hieher gehört
auch das unmittelbar aus dem Magy. entlehnte izba Stube Müller 153. Slavische Elemente
im Magy. 31.
159. izběgъ exitus.
izbóg: izbeg servus fugitivus magy. Slavische Elemente im Magy. 31. — nebek m.
délaissé, vagabond Pasp. 566.
160. izvorъ fons.
izvor bulg. serb. — izvor source Vaill. izvóru Quelle Bess. Rumun. 23.
161. izъ ex.
iz nsl. serb. u. s. w. — Das Praefix izъ findet sich in: te izbutёs (иземутёс) austrocknen
Böhtl. 25. 267. te iztasdo (те истасдо) zerknittern Böhtl. 263.
162. jadъ venenum.
jed čech. — jedas Gift Puch. 56.
163. jarъkъ.*
jarek nsl.; serb. jarak. Slavische Elemente im Magy. 31: árok — arko m. Graben
Vocabul.
164. jasli praesepe.
jasli serb.; bulg. jesli. — aslia crêche, mangeoire Pasp. 42. 145. neben pakhui f.
agriech. φατνόν, φατνίον 400.
165. jasъ.*
jas splendor serb. Stull. — Vergl. jud clarus, éclat; jabo clair, éclatant Vaill.
166. jazditi vehi.
izditъ russ. — te izdinés (те издинёс) fahren Böhtl. 262.
167. jazъ.*
jaz canalis serb. — jaz étang Vaill. Rumun. 53. jezatúru (езатуру) Damm Bess.
Vergl. jezykor rynoru (езыкор ынору) Teich Bess.
168. jedva vix.
jedva bulg. serb. — eve (eve) kaum Bisch. Pott 1. 317.
169. jelenъ cervus.
jelen nsl. serb. čech. u. s. w. — jelenos m. neben dem magy. sarvo, servu Hirsch
Wrat. 136. gelenos Wrat. 90. sarvo, servo Liebich 159. 210.
170. jesli aus jestъ li num.
jesli, das man mit jozeli zusammenstellt pol. — esli conj. ob (in Fragen) Wrat. 89.
171. ješto adhuc.
ešče russ. — ešče Böhtl. 15.
172. jezero lacus.
jezero nsl. bulg. serb. u. s. w. — sero Alter 99. serros Pott 1. 106; 2. 239. sёro See
Liebich 159. sero Bisch. Der Zusammenhang ist zweifelhaft, da auch Alter sero hat,
nicht zero.

173. jezero.*

jezero tausend nsl. Fremdw. 22: magy. ezer. — ezero, jezeris neben jezero, izro Wrat. 92. 159. ezero Müller 172. ezeri Vocabul. žero (izro, izeró) Liebich 141. ekezerus Grellm.

174. kabat.*

kabát Rock čech. Slavische Elemente im Magy. 32. — kabáto tunica Pott, Ztschr. 332.

175. kad cadus.

kad nsl. serb. u. s. w. Slavische Elemente im Magy. 32: kád. — kádo Bottich Müller 160.

176. kahna.*

kachna anas, eigentlich Catharina čech.; pol. kachna bedeutet nur Catharina. — kahni, gahni f., wofür man kachni erwartet, Henne Wrat. 136. kahnia plur. Geflügel 132. kahni Alter 161. kanjhi Vocabul. kachni u. s. w. Pott 2. 91. kachnin Liebich 141. kayno poulet, poule Vaill. kakni volaille 67. cañi hen, gallina Borr. Gegen diese Zusammenstellung spricht ausser der Verschiedenheit der Bedeutung der Umstand, dass das Wort auch bei den türkischen Zigeunern vorkommt: kaghni, kaïni f. poule Pasp. 257.

177. kamata.*

kamata usura serb. kroat. russ. Fremdw. 23. — howata usura Vaill. Rumun. kamътъ.

178. karbač.*

korbač nsl. serb.; russ. karbačъ Fremdw. 26: magy. korbács. — korbáčo Peitsche Böhtl. 262.

179. katun castra.

katun regio pastoria serb. Fremdw. 25. türk. quthûn habitatio; alb. katunt pagus, regio. — kutdna f. tente propre aux nomades Pasp. 273.

180. kąkolь nigella.

kôkolj nsl. Slavische Elemente im Magy. 32: konkoly. — konkuva f. Kornrade Vocabul. Unmittelbar aus dem Magy.

181. kąpati lavare.

kąpač pol. — the kompiskirava wan lavare se, eig. me lavare Narb.

182. keponjek.*

kepenjek, kepenek nsl.; bulg. kepenek Fremdw. 24: magy. köpenyeg; türk. köpenek, alles auf cappa zurückzuführen. — kepenjego (kepenégu) m. Mantel Puch. 42. Wrat. 03. kepenjego Vocabul. Das kurd. kapenók ist wol türk. Pott 2. 100.

183. kitz, kitosъ cota.

kitъ russ. Fremdw. 26. πῆχος. — kitrás cotus Alter 198.

184. kloča.*

klečkъ Flöckchen bulg. Cank. 176. — klečka (klečka) f. épine dorsale Pasp. 289.

185. klepač.*

klepáč Hammer čech. Slavische Elemente im Magy. 33: kalapács. — kalapáča Hammer Müller 156. Unmittelbar aus dem Magy.

186. klěšta forceps.

klěšti plur. Zange bulg. Cank. 176. — klišta (klúshta) f. les grandes pinces des forgerons nomades, le kaildvi, siláxi ξυλάξιν (bei Müller 156. und Vocabul. sílaba; sulavi, silabi) des autres Pasp. 289. klešte pince, pincettes Vaill. Rumun. 25. klačas (clachas) scissors span. Bright LXXXV.

187. klinъcь.*

klinec cuneus čech. Slavische Elemente im Magy. 33: kölöncz, kilincs. — *klinen* m. Nagel Vocabul. *klinei* plur. Müller 162. 172. *klinranicu* f. Nagelzwicker Vocabul.

188. ključь clavis.

ključ nsl. serb.; bulg. ključ und klič. — *klučos* (*klučehos*) m. clef Pasp. 289. *klič* (*clich?*) llave bei den span. Zigeunern Campuz. *clichi* key. llave Borr.; dagegen *klači* (*clarhi*) nach Bright LXXXV; *klesin* bei den engl. Zigeunern ibid.; *klučo* (*klucho*, *kluro*) bei den ungrischen LXXIX. LXXXV; *kulčo* m. Vocabul. *glič* (*glitsch*) Schloss; *klišno* cadenas Vaill. *klačo* loquet, verrou Vaill. Pott 2. 122. *glitschin*; *erin glitschin* Dietrich Bisch. Die ungrischen Zigeuner kennen auch das griech. *klidin* f. Schloss, Hängeschloss Vocabul.

189. kljuse equus, asinus, iumentum.

kljuse; klisati galoppieren nsl.; serb. kljuse; čech. klus Trab; klusati traben. — *klisel* (*klisel*) verb. reiten Wrat. 94. *klindo* boritten 122. *glisir* (*glisif*) ich reite u. s. w. Pott 2. 122. *klisirea* ich reite Liebich 142. *glisto* Reiter Bisch. Vergl. *kli* reiten; *kliben* Ritt skand. Sundt.

190. kobza.*

kobza ein musikalisches Instrument klruss. — *kobza* mandolino Vaill. 81.

191. kočka.*

kočka Erdhügel russ. — *kočkica* demin. Böhtl. 16.

192. kokošь gallina.

kokoš nsl. serb.; bulg. kokoškъ. — *kožka* poulailler Vaill. Rumun. 25.

193. kolébati agitare.

kolébati, kolíbati wiegen čech. — *kulibinel* verb. wiegen (ein Kind) Wrat. 94.

194. koli quando indef.

koli russ. — *kuli* Alter 266. *koli?* wann? Böhtl. 12. *koli — koli* bald — bald, bisweilen 17.

195. koliba, kolibъ tugurium.

koliba, goliba nsl.; bulg. kolibъ; serb. koliba Fremdw. 27: καλύβη. — *koliba* f. Hütte Puch. 42. *kolyba* cabane Pasp. 42. 290. *koliba* 49. *galra* hameau Vaill. Rumun. kolibъ.

196. kolo rota.

kolo nsl. serb.; bulg. kololo. — *kol* cercle, tour, rouleau; *kolic* en rond, circulaire Vaill.

197. komora.*

komora nsl. serb. u. s. w. Fremdw. 27. — *camorra* f. hall, chamber, sala Borr. Pott 2. 105.

198. komъka communio.

komkъ bulg. Fremdw. 28: lat. communicare. — *kmuka* f. communion Pasp. 290.

199. kopanja mensura quaedam.

kopanja Trog nsl.; serb. kopanja scutula. — *kopâna* f. auge Pasp. 42. 49. 291. *kopanéngoro* qui fait ou vend des auges ibid. *kopâni* f. Trog Vocabul. Das Wort ist nur bei den europäischen Zigeunern und unter diesen nur bei den Séd. bekannt 121.

200. kopati fodere.

kopati nsl. serb. čech. u. s. w. — *kopinel* verb. graben Wrat. 134. *kipiŭlinde* sie haben gegraben Müller 192. Dieses stammt unmittelbar aus dem Magy. Slavische Elemente im Magy. 34: kapál.

201. kopča.*

kopča fibula nsl.; serb. kopča, kovča u. s. w. Fremdw. 28: ahd. kafsa. — Vergl. kočak f. Knopf; kučakóri demin. Pucb. 42. Pott 2. 131. kujak Mundlich.

202. kora cortex.

kora serb. russ.; bulg. kora u. s. w. — kora neben borka und čilka cortex Alter 135.

203. korablь navis.

korablь russ. — korabljo Böhtl. 7.

204. korenь radix.

koren nsl. bulg. serb. u. s. w. — korin, korinf f. racine Pasp. 291.

205. kosa falx.

kosa nsl, serb.; bulg. kosъ u. s. w. — kisa neben kisu (kishu) f. Séd. faux Pasp. 121. 294. kasadji f. Senso Vocabul. kasalinel verb. mähen ibid. Slavische Elemente im Magy. 35: kasza, kaszál, kószy Sense Bess. Rumun. koasъ. Die Zigeuner in Asien kennen das Wort nicht Pasp. 121.

206. košara caula viminea.

košar nasvos genus serb. Slavische Elemente im Magy. 35: kosár corbis. — košari f. Korb Vocabul.

207. košь cophinus.

koš nsl. serb. bulg. u. s. w. — kova corbeille Vaill. Rumun. 26.

208. košьnica corbis.

košnica Bienenkorb serb.; bulg. košnicъ Korb u. s. w. — gočnica (gotschnitza) und gočniča (gotschnitscha) Korb Bisch. Pott 2. 93, gutschnizza Liebich 138. eovnicha f. basket. capuorta Barr. Zu košь gehört auch košnika (kishnika) f. panier Pasp. 42. 294. La plupart des Tchinghianés de la haute Bulgarie se servent constamment de ce mot 294.

209. kovačь faber.

kovač nsl. serb. bulg. — kovač (kovatsch) forgeron de Roumanie bei Bat. 291. kovak forgeron Vaill. Rumun. 25.

210. kovalь.*

kowal pol. — kovalus Schmied Pott 1. 106.

211. kovylь.*

kovylь Friemengras russ. — kviljo Böhtl. 7.

212. koža pellis.

koža nsl. serb.; bulg. kožъ. — koža (koja) pelure, écosse, richtig wol cossa Vaill. kóšy Rindo Bess. Rumun. koaže.

213. kožuhь.*

kožuh nsl. serb.; bulg. kožuh. — košok (kojok) pelisse; kočokrro fourreur Vaill. Rumun. kožok.

214. krabijca fiscella.

Vergl. nsl. krabulja. — khrábisa (khrábisha) boite Nom. Pasp. 122, wofür Séd. ladinlčа (ladinitscha) ibid. In Asien sind beide Wörter unbekannt. khrábisa (khrábisha) ist nach Pasp. 274. ,un fort coffre en fer, qui contient leurs ferrailles'.

215. krajnь extremus.

krajnij russ. — krájnjo adj. Böhtl. 9.

216. kralь rex.

kralj nsl. serb.; bulg. kral u. s. w. Fremdw. 29. — králoa m. König Wrat. 95. kralis Narb. krális m. roi Pasp. 296. králi Böhtl. 262. crallis m. king. rey Borr. kralis lonl or chief bei den span. Zigeunern Pott 1. 105. *kralis* bei den engl. Zigeunern Harriot 550. *crellis* king Bryant. *krali, kralo, krajo* skand. Sundt. *kralo* Liebich 199. *krahli* Bisch. *krd- lica* f. Königinn Wrat. 95. *krallća* f. (*krallitcha*) reine Pasp. 296. *crellisa* bei den span. Zigeunern queen, reyna Borr. Pott 1. 123. Unmittelbar aus dem Magy.: *király* m. Müller 190. *kiralistero* adj. königlich Vocabul. Slavische Elemente im Magy. 86: király *kordija* Bess. *kralis* ist unmittelbar aus dem Griech. entlehnt.

217. k r a p ъ.*

krap nsl. serb.; pol. karp; russ. karpъ n. s. w. Fremdw. 29: lat. carpio. — *karpos* m. Karpfen Wrat. 139. *charpm* 84.

218. k r a s t a v i c a.*

krastavica Gurke bulg.; serb. krastavica, krastavac. — *grastavica* Böhtl. 263. *kastra- vića* (*kastraritcha*) concombre Pasp. 270. *krestavice* Mündlich. Die Frucht wird so genannt nach der rauhen Oberfläche.

219. k r a s ь n ъ formosus.

krasnyj schön, roth russ. — *krčsno* adj. Böhtl. 9.

220. k r a v a vacca.

krowa pol. — *kromna* Kuh skand. Sundt: daneben besteht jedoch auch *krăuni*, welches an *gururni, gurumni* Pasp. denken lässt.

221. k r ą g ъ circulus.

krôg nsl.; serb. krug; russ. krugъ. — *krugosn* neben *jangustri* orbis Alter 73. Pott 2. 128.

222. k r ę t i t i torquere.

krečić pol. — *kreśćikeran (krentarhikeraf)* drehen Pott 1. 97. 432.

223. k r o m e n ь silex.

kremen nsl. u. s. w. — *krémenja* Kiesel Bess.

224. k r ě p ъ k ъ validus.

krêpkij russ. — *krêpko* adj. stark Böhtl. 15.

225. k r i v a c ъ.*

krivac, krivi vjetar serb. — *krivč* bise, vent du nord Vaill. *tukriver* beau froid 89. Rumun. 26.

226. k r u m p l e.*

krumple čech. — *krumplici* plur. Erdäpfel Pott, Ztschr. 3. 334. Vergl. *kćlompurja* plur. Müller 203. *kolompire* Mündlich.

227. k r u š ь k a pirum.

kruška serb. — *kruški* f. Birne Vocabul.

228. k r y g a.*

kryga Eis russ.-dial. — *kryga* Bělg.

229. k r ъ č ь m i a potus inebrians, caupona.

krčma nsl. serb. čech. u. s. w. — *krčma* f. Wirthshaus Puch. 42. Pott 2. 117. *kirčima* (*kertschimm*), Liebich 142. *kirčma* f. Müller 155. 201. *kučma* Pott, Ztschr. 3. 383. *kirčima* Mündlich. *kičewa (kichewa)* alehouse bei den engl. Zigeunern Harriot 537. *kirchiswo* inn Bryant. *gertschentha* Schenke Bisch. *cochimoni* f. brandy-shop, tavern, aguardientería, taberna Borr. *krišmas* taverne, cabaret Vaill., richtig *krišma* 78. 83. Rumun. 27.

230. k r ъ č ь m a r ь.*

krčmar Wirth nsl. serb.; čech. krčmář. — *gerčómari (gertschomari); gerčómarica (ger- tschomaritza)* Wirthinn Bisch. Pott 1. 101. 103; 2. 117. *kerčimaru (kertschimaru)* Wirth; *ker- čmarica (kertschimarizza)* Wirthinn Liebich 142. *kučmaruti* Müller 155.

3

20   FRANZ MIKLOSICH

231. kradъ.*

krd grex serb. — kird bande, troupe Vaill. Rumun. 26. Vergl. črěda.

232. krъmiti alere.

krmiti nsl. serb.; bulg. krъmi. — the karmiskiran alere Narb.

233. krъpa pannus.

krpa nsl. serb.; bulg. krъpъ Fleck u. s. w. — kîrpn f. torebon, chiffon Pasp. 187. kirpa, kirpa lingo, chiffon; kirpi ravaudage; kirpad raccommodeur, savetier, ravaudeur; kirpisnro je ravaude Vaill. Rumun. 27.

234. krъstъ Christus, crux.

krst baptisma nsl.; krst crux; bulg. krъs aus krъst crux u. s. w. Fremdw. 30. — kremtos m. Kreuz Puch. 42. Christus, Crucifix Wrat. 93. keresto m. Kreuz Vocabul. Unmittelbar aus dem Magy. kereszt. Vergl. Slavische Elemente im Magy. 37.

235. krъstača.*

krtača nsl. — kartačis m. Bürste Wrat. 93.

236. kubnja.*

kubnja nsl. Slavische Elemente im Magy. 37. — kônjha Knche Müller 187. Unmittelbar aus dem Magy.

237. kukurica.*

kukurica slovak. Slavische Elemente im Magy. 37. — kukurica türkischer Weizen Pott, Ztschr. 8. 333.

238. kula.*

kule, koule čech. Fremdw. 31. — kulja (kuľa) Kugel Puch. 54.

239. kulatъ.*

kulatý čech. — kuláto rund Wrat. 95.

240. kurnjakъ.*,

kurnjak gallinarium serb. — kurnja (kurnia) f. perchoir Pasp. 300. Vergl. ngriech. κουρνιάζω jucher.

241. kuropatva.*

kuroptva čech.; pol. kuropatwa; russ. kuropatka u. s. w. — korstva f. Rebhuhn Wrat. 94.

242. kurъ gallus.

kur, kurъ nsl. — kérkus dindon Pasp. 299. karkan dinde Vaill. ngriech. κούρκας coq d'Indo Rumun. kurkъ 27.

243. kurъva meretrix.

kurva nsl. serb. u. s. w. Slavische Elemente im Magy. 97. — na kúrvini litšia, serb. na kurvina lodja in dorsum meretricis Müller 202.

244. kylavъ.*

kilav herniosus nsl. serb. Fremdw. 32. — kilav faible, débile; kilaro affaiblir Vaill. Rumun. kilav varus, debilis.

245. lani anno superiore.

lani nsl. serb. u. s. w. — láni voriges Jahr. Vocabul. láni Müller 204.

246. lanьсь.*

lanec Ketto nsl. — lanros m. Ketto Puch. 43. lancičkos demin. Puch. 43. lanci f. Vocabul. Vergl. magy. láncz. Pott 2. 336.

247. laty.*

laty russ. — látost neben harmi lorica, thorax Alter 183.

248. lavьka.*
lavka Bank, Bude russ. — larka Bude Böhtl. 9.

249. lągъ nemus. palus.
lugъ pratum russ. — lngoss Alter 139.

250. lęka palus.
Daraus rum. lunkъ pratum. — lunka f. Rasen Wrat. 96. Wiese, Au, Gras Bisch.
Pott 2. 337. lunkarjav (lunkatarhiaf) mähen ibid.

251. lebedь cygnus.
lebed bulg.; russ. lebedь u. s. w. — lebedy Schwan. Rumun. lebedь.

252. ledva.*
ledva vix čech. — ledra adv. kaum Puch. 72. Vergl. jedva.

253. letěti volare.
letěti čech. — letinel neben fligerel verb. fliegen Wrat. 130.

254. lěkъ medicina.
lijok serb. — leak remède Vaill. Rumun. lěk 28.

255. lěnohъ.*
lonoch čech. — lenochos m. Faulenzer Puch. 57.

256. lěnъ piger.
lěn nsl. u. s. w. — lino adj. träge, nachlässig Vocabul.

257. lěpъ viscum.
lepi kleben bulg. — lipi colle Vaill. Rumun. 29.

258. lěvъča.*
lijevъ Stemmleiste serb. Slavische Elemente im Magy. 39. — leoka soutien des roues
qui unit l'essieu aux ridelles Vaill. Rumun. leukъ.

259. lędvija lumbi, dorsum.
ledja plur. dorsum serb. — sa kärrini lédža in dorsum meretricis Müller 202.

260. lice facies.
lice nsl. serb.; russ. lico u. s. w. — licos facies Alter 17. litscho Gesicht skand. Sundt,
Bugge, Beiträge 1. 149.

261. lisъ vulpes.
liška čech. — liška f. Fuchs Wrat. 96.

262. livada pratum.
livada serb.; bulg. livadъ Fremdw. 34: λιβάδιον. — livadó, livardó m. prairie Pasp.
338. Vergl. laradjá (laradiá) f. espèce d'herbe 332. Das zig. ist unmittelbar aus dem
griech. entlehnt, wie der Auslaut o zeigt.

263. ljubiti amare.
ljubiti amare; ljubiti se placere čech. — Das reflexive libinel hat dieselbe Bedeutung
wie im čech.: uri räni pes mange ne libinel mein Weib gefällt mir nicht Wrat. 71.

264. ljuby amor; ljuby dějati scortari, adulterum esse.
ljubav amor nsl. serb. u. s. w. — Vergl. lubni f. Hure Puch. 43. libui, lumni Hure
Müller 189. libnjiro demin. 200. lubnia plur. In Süditalien Ascoli 138. lubui, lumni, nubli,
rubli f. prostituée l'asp. 342. lubny (лубны) Böhtl. 267. lubni f. feile Dirne Vocabul. lubni
skand. Sundt. lobni meretrix; lobar prostibulator Narb. lublin Bisch. Pott 2. 334. Ascoli
56. lubikáro wollüstig Müller 190. lubnikáno m. Hurenjäger Vocabul.; ludni whore bei
den engl. Zigeunern Harriot 557. lub lubricité, désir, luxure; lubas lubrique, luxurieux;

lubpana adultère Vaill. *lumf, lumia, lumiaca* f. harlot. ramera Borr. *lubkirdaspes* ehebrechen Danil. 109. *jov lubjirdjas pes* er hat sich verhurt Pott 1. 441. Die Zusammenstellung macht das Suffix ni zweifelhaft: man beachte *lubkaira* treibe Unzucht Liebich 144. *Lubui* ist den Zigeunern in Asien unbekannt: in der Türkei gebrauchen es sowol die Séd. als auch die Nom. Pasp. 122.

265. ljutъ acerbus: o ljutê vamъ! vae vobis!

llto: llto mi ho er dauert mich; lltiti se impers. für llto býti čech. — *lito* adv. leid Wrat. 96. *litinel* vorb. bedauern ibid.

266. lokša.*

lokša loganum slovak.; klruss. *lokšyna* eine Art Maccaroni. Slavische Elemente im Magy. 39. — *lokši* Nudeln Puch. 43. m. Wrat. 96. Pott 2. 329.

267. lopata pala.

lopatъ bulg. — *lopat* pelle Vaill. Rumun. 28.

268. loza palmes.

lozъ vitis bulg. — *loz* bourgeon, surgeon Vaill. Rumun. 28.

269. ložе lectus.

ložе Bett, Ehebett; dobrego *loža* dzieci Kinder ehelicher Geburt pol. — *ložjerava* (*lotschjerava*) ich werde geboren; *ložjemen* (*lotschjemen*) natus puer; *ložъrava* (*lotscherava*) ich gebäre Pott 1. 429; 2. 332. *ložoré* (ложоре) Niederkunft Böhtl. 267. *ložie* parere Narb.

270. lula.*

lula serb.; auch in Podolien bekannt. — *ljuljara* Pfeife zum Rauchen Mündlich. *ljuljava* Bess.

271. luna luna.

luna Feuerschein pol. — *lana* radius Alter 78. Pott 2. 336.

272. lyko.*

lyko čech.; pol. *lyko* Bast u. s. w. — *lika* (*likka*) Bast, Borke Pott 2. 329.

273. lyto* lyta.*

lýtko, lejtko čech. — *lejtkos* (*leitkos*) m. Wade Wrat. 96.

274. lъgъkъ levis.

lek bulg.; serb. lak; asl. lohek u. s. w. — *loko* adj. leicht Puch. 43. *loko* adj. langsam Vocabul. *lokóro* adj. recht langsam ibid. *loko* levis Narb. *lokó, lokó* Alter 214. *lokó* léger Pasp. 339. *lokerlér* comparat. ibid. *lokes* adv. Pott 1. 212. leicht, gelassen, still Wrat. 96. 157. *lokes* Liebich 144. *polokes* adv. langsam Puch. 71. Wrat. 46. 105. durch Umstellung *pikoltés* allmälig, still Liebich 152. *lókóre* adv. langsam Müller 159. 169. *po lukirow* ganz sachte Puch. 46. *loko* peu, doucement; *lokoro* un peu, tout doucement Vaill. *loki* f. der leichte Gulden Wrat. 96. *lókin* Bisch. Pott 1. 52. *lokke* Thaler skand. Sundt. *lakó* levis Alter 214. Pott 2. 328. *lъtchó* leicht Bölg. Es ist wohl unrichtig, das Wort mit sind. laghu in unmittelbaren Zusammenhang zu bringen.

275. lъnênъ lineus.

lъnjanъ russ.; klruss. *lhanka* leinenes Kleid. — *ljlanjka* Kaftan Bölg.

276. lъstъnъ facilis.

lesen bulg.; serb. lastan. — *lъsno* adj. wolfeil Vocabul.

277. mačuga.*

mačuga fustis serb.; pol. maczuga Fremdw. 35. — *mačuka* massue Vaill. Rumun. mъčukъ.

278. mačka.*

mačka nsl. serb. Über den Ursprung des Wortes siehe Slavische Elemente im Magy. 40.
— mačka f. Katze Puch. 43. catus Alter 155. Vocabul. mátchka Séd. Pasp. 122. 359.
madshka Liebich 214. matschka Bisch. machiew, machican m. cat. gato Borrow. macikó,
madikanji, madikai f. (machiro, machiraïi, machicai) bei den span. Zigeunern Campuz. sinchka,
matschkai bei den engl. Harriot 543. Bright LXXXIII. matchiau Bryant. mačkóri demin.
Puch. 43. mačkákero adj. ibid. maschkon skand. Sundt. Vergl. mátrčka f. (mátrtchka) elatte
Pasp. 42. 375, was eine blosse Entstellung von mačku zu sein scheint; mureka (mavrzka)
bietet auch Liebich 147. Pott 2. 438. Mýra (mšíga) Katze Böhtl. 266. muea Mündlich.
myca Delg. Bess. ist rumun. mъcъ, hängt daher mit mačka zusammen. mačka ist in
der Türkei nur den sesshaften Zigeunern bekannt.

279. majka.*

majka serb. bulg. — mavka nourrice Vaill.

280. majmunъ.*

majmun Affo serb. u. s. w. Fremdw. 35. — Vergl. mavnica Bess.

281. makъ papaver.

mak nsl. serb. bulg. u. s. w. — máko m. Muhn Wrat. 96. mako Bisch. Vocabul. Pott 1. 107;
2. 434. Zischr. 3. 327. mako Müller 189. maku hat bei Vaill. die Bedeutung aureau.

282. maslica oliva.

maslin bulg. — maklíča (maklítchka) f. olive Pasp. 345: k für s kann ich allerdings
nicht erklären, da sonst sl nicht gemieden wird.

283. matka.*

Vergl. serb. matica apum regina, medius alveus fluminis. — matka reine d'abeilles,
lit de rivière Vaill. Rumun. 29.

284. mądrъ sapiens.

mъdár modestus, sapiens bulg. — mandro fier Vaill. Rumun. mъndru artig, reinlich, stolz 31.
Den Übergang von der nsl. Bedeutung zu der Bedeutung: stolz vermittelt: der sich weise dünkt.

285. mąka cruciatus.

muka labor serb. Slavische Elemente im Magy. 40. — mavka Werk work Bright XC.
Unmittelbar aus dem Magy.

286. medvědъ ursus.

nedvěd čech. — nedojedos (nedrédus) m. Bär Puch. 65. mrdro m. Vocabul. Aus dem Magy.

287. metla.*

metla Besen nsl. serb.; bulg. metlъ u. s. w. — métla f. balai Séd. Pasp. 122. 368.
Nur bei den sesshaften Zigeunern in Gebrauch.

288. meżda terminus.

mъżdinъ intervallum bulg.; russ. meža. — miža Alter 167.

289. mědь aes.

měd nsl.; bulg. med; čech. měď u. s. w. — mjedos (medhos) m. mjrda (méda) f. Kupfer
Wrat. 98. 142. Dasselbe Metall heisst sonst charkun, hartas aus griech. χάλκωμα, χάλκας
Pott 1. 168. harkum Kupfer Mündlich; galbeno harkum ist gelbes Kupfer, Messing Mündlich.

290. měrica.*

měrica, mērca nsl.; čech. mēřice Metzen. — merića (merritzka) Achtel (Maass) Bisch.
Scheffel; merića (mericka) bushel, fanega bei den span. Zigeunern Borrow. Pott 2. 452.
merića (meritschka), merieka (merizzka) Scheffel Liebich 146.

291. mĕsalь.*

mĕsal caзuie-main bulg. — mesāli f. casuie-main Pasp. 362. i mesel la table Vaill.
70. 74. mesalin (messalin) f. Tischtuch Wrat. 160. mesrlin (mesьrlin) 98. mesrlin (mesьrlin)
Tischtuch Liebich 146. mesali Tisch Mündlich. mesьdlle, alьrьsdlle table. mesa Borrow.
Pott 2. 448. pala i mese après le dîner Vaill. 72. Vergl. alb. mesalę Tischtuch, Gastmahl.
Albanische Forschungen 2. 41. Das romanische Wort ist durch die Albanier oder die
Rumunen in das bulg. gerathen: von wem es die Zigeuner entlehnt haben, muss dahin
gestellt bleiben. Vergl. misali, misьrьlli table bei den engl. Zigeunern Harriot 558.
Bright LXXXIV. misьli table Bryant 892.

292. mĕšina.*

mješina pellis serb. — mršín cuiro bei den asiatischen Zigeunern, während die europäischen morti haben Pasp. 123. Das einzige slavische Wort, das nach Asien gedrungen:
vermittelt wurde es durch die Griechen: μαστν peau de mouton. Slavische Elemente im
Neugriech. 21.

293. mĕčь.*

mĕčьk Ball demin. čech.; russ. mjačь. — Vergl. wačik f. Knödel Pott. 43. Pott 2. 457.

294. mĕsьnica.*

masnicr čech. — masnica f. Fleischbank Vocabul.

295. milovati misereri.

miłti wrmaden! miséricorde! Vaill. 59. Der Zusammenhang mit milovati, milu'ę
ist unzweifelhaft, die grammatische Qualität des Ausdruckes jedoch mir dunkel.

296. misirьka.*

misirka f. dinde, eigentlich aus Aegypten stammend bulg.; ngriech. μασριάτση. —
misirka f. dinde Pasp. 365.

297. mladь tener.

mlad iuvenis serb. bulg. u. s. w. — mlado niais, imbécille Vaill.

298. mlatь malleus.

mlot, mlotek, gen. mlotka pol. — mlutko Hammer Pott 2. 248.

299. mlinь.*

mlin nsl. serb. u. s. w. — mlinu m. Mühle; mlinaskéro m. Müller Vocabul.

300. mlьnij fulgur, fulmen.

molnija Blitz russ. — malnos fulgur Alter 84. Pott 2. 456. maluno m. lightning. relám-
pago Borrow.

301. močiti madefacere.

močilo locus fluminis ad macerandum linum serb. — gerav močis (gerraf mutschia)
gerben Dinch. Pott 2. 113: eigentlich vielleicht facio τ̀ь močilo.

302. močьka.*

močka Saft čech. — mučka f. Tabaksaft Vocabul. mutsrka für moča Tabaksaft mit
Tabakssche Liebich.

303. mogyla tumulus.

mogilъ collis bulg. — Vergl. mogur mamelon Vaill.

304. moliti precari.

moliti nsl. serb. u. s. w. — moliнel verb. beten Vocabul. molinav bitten Müller 119.
am moliна we pray; dierin muliна to pray god hung. Bright LXXXIX. te molisarёs e rayёs
que tu pries le magnat Pasp. 54. 454.

305. more.*

more und bre aus mre eine Anrede, etwa he du! sorb. — *murr* mein Lieber Puch. 65. Pott 1. 47: Bruder, Camerad Puch. 44. Wrat. 98. 124. Dieses auf der ganzen Haemus-halbinsel verbreitete Wort ist vielleicht ursprünglich zig., mit dem pronomen possessivum der prima sing. zusammenhangend, etwa: du mein Lieber!

306. morje mare.

more bulg. serb.; čech. moře; pol. morze. — *móruss* neben *baro pani* mare Alter 99. *geljas (gelas) pro moros* er gieng auf das Meer Puch. 54. Daneben *nafro* f. Pasp. 42. 358. Wrat. 97. *mórjin* Bess. Vergl. Ascoli 11, der bei *maru* eher an ital. mare denken möchte.

307. moskva.*

moskva Moskau russ. — *moskóv, moskóvis* m. Russo Pasp. 368.

308. mostъ pons.

mostъ Brücke; mostitъ pflastern russ. — *mostoss* pavimentum Alter 194. *masto* Böhtl. 7. *most* Fussboden Bisch.

309. moštъ potest.

može vielleicht pol. — *modte (moshcte)* vielleicht Pott 2. 439.

310. mrazъ frigus, glacies.

mraz nsl. serb.; čech. mráz. — *mrusos, mrazo (nrasus, mrazo)* Frost Pott 1. 107. *mrazoin (mrazakla)* 1. 428. *morazo (mokruso)* Eis Bisch. u. s. w. *mordzo (mordzo)* Eismacke Bisch. Pott 2. 453. *morezo (morezo)* Eiszapfen; *mrdzo (mmrazo)* Eis Liebich 147. 192; bei den skand. Zigeunern *braza* frieren wie čech. brabenec für mravenec Bugge, Beiträge 1. 149. Sundt. *mr mrazayjóm (mъ mpasъмъм)* ich bin erfroren Böhtl. 16.

311. mrъcina cadaver.

mrcina nsl. serb. — Vergl. *mortzin, mortin* Leder Liebich; *mortarhin* Balg, Fell Bisch. *gerraf mortarhinas tele* abbalgen Bisch. *o murtiú* les peaux Pasp. 40. Das Wort ist armenisch: *morki* Haut Bess. und *morčí* Rinde Bělg. *márdi* la peau Vaill.

312. mrъha.*

mrha Vieh nsl., daraus magy. marha Vieh, Waare. Slavische Elemente im Magy. 41. — *marha* f. Waare, Ding Puch. 44. Pott 2. 451. Vocabul.

313. musiti.*

musiti müssen čech. Aus dem Deutschen. Fremdw. 40. — *muninar* ich muss Puch. 31.

314. mysliti cogitare.

mysliti čech. — *mislinel* verb. denken Puch. 66.

315. myšъ mus.

miš f. nsl.; serb. miš m.; bulg. miškъ f. — *miša* f. Maus Puch. 62. 69. *middko* Alter 156. wohl statt *miku* Pott 2. 458. *mikira (mishizza)* Mäusinn 1. 101. Vergl. *mušó* Séd. *mushk* Asiat. Pasp. 122. *mushó* rat 44. *ianush, mnushs, mushó* m. souris 375. *middkos, mushdkos (mishikas, mushdkos)* Nom. 122. 365.

316. mъhъ museus.

meh nsl.; čech. mech u. s. w. — *merhus* Moos Puch. 55.

317. mъželъ turpis quaestus.

Nur nsl. nachweisbar. — *šrlao* je trompe Vaill. Rumun. *ъnšel* fraudaro.

318. na ecce: na ti dari mnozi Vita S. Methodii 5.

na nsl. serb. u. s. w. rumun. na. — *na* da hast du Puch. 44.

319. načęlьnikъ princeps.

načalьnikъ russ. — *načélniku* Boxh.

320. nadežda spes.

nadežbъ bulg. — *nadežde, nadeždd (nedejde, nĕdejdé)* espérance Vaill. 60. 61. *nadeždjtu* ich hoffe Boxh.

321. naduha.[*]

naduha nsl. Slavische Elemente im Magy. 42: *nátha* Schnupfen. — Vergl. *nedné* transspiration; *sum nĕduhlo* je suis en transpiration Vaill. 53, vielleicht *neduialo*.

322. naj: naj vęšte plurimum.

naj nsl. serb. u. s. w. — *naj tildleder* der kälteste; *naj feder* der beste Puch. 12. Pott 1. 208. *naj bireder* adj. der grösste; *nej* (d. i. naj) *barŭder* adv. Wrat 100. Die rumunischen Zigeuner verwenden statt *naj* das rumun. maj: *maj baro plus grand; maj lulu* moins Vaill. 38. 39; die ungrischen neben *naj* das magy. leg: *leg phŭreder, leg tudreder* neben *naj phŭrreder, naj tudreder* Borneni. 102.

323. narodъ gonus.

narod Volk, Nation čech. — *národus* m. Freund Puch. 44. 99. *národy* Freunde 66. *naroduskéri* Freundinn 61. *naroduskéri* 62. *národuskiňa* 44. Eigentlich etwa popularis Pott 2. 323.

324. navěštviti invisere čech.

Nur čech. vorhanden. — *nattiviuel* verb. besuchen Wrat. 122.

325. nebo caelum.

nebo nsl. serb. u. s. w. — *nebos* m. Himmel, Wolke Wrat. 100. *v nĕbo* Müller 201. *nelo* m. Wolke, Himmel Vocabul. *pe nebo* Pott 2. 318. *njebos (niebos)* Wrat. 1?.. Das letztere wol aus dem Poln.

326. nego: nežo quam.

nego serb. — *neg: mau chi feder oloj neg adaj* mir ist lieber dort als hier Pott 1. 209. Man merke, dass zig. die Negationspartikel *na* allein für quam steht: *frdlidir daf palal, na andry dŭrch te vaf* wörtlich: besser ich gehe nach, nicht (als) dass ich zu Schaden komme. ibid. Vergl. die Negation in den slavischen Sprachen 11.

327. nebaj.[*]

neka serb., eigentlich sine. — *hŭf sar nĕk ávau* dass ich komme (serb. neka dodjem) Müller 184. *nĕk sŭutelin* weibe 183. *nek* lasse Vocabul.

328. neprijatelъ inimicus.

nepFítel čech. — *seprivelus* m. Feind Wrat. 100.

329. nevěra.[*]

nevjera, nevera perfida serb. — *nĕréra* Untreue Müller 202. *nĕréro moja* ganz serb. ibid.

330. nevinьnъ innocens.

nevinen čech. — *nevino* adj. unschuldig Wrat. 100.

331. němъ mutus.

něm nsl.; nijem serb. — *nemavo* adj. stumm Vocabul.

332. němьcь germanus.

němec čech. — *njemcos (niemcos)* Deutscher Wrat. 100. *njamco* Mündlich. *niemcko, niemtko, nimeo* adj. deutsch Vocabul.

333. ničьto nihil.

ništa, ništo serb.; bulg. ništo. — *ništa* nichts Müller 160. 204. *ništa, niništa, ništ* Vocabul. *ništ (nišht)* Ascoli 148. vergl. *niška* rien Vaill. 39.

334. nikьto nemo.

niko serb. — *niko* Niemand Müller 158. 193. Vocabul.

335. nogъtь unguis.

nogotь russ. — *ungli* neben *nai* Alter 38.

336. novina novale.

noviny čech. — *novinos* m. Zeitung Wrat. 100.

337. nozdrь nares.

nozdrja russ. — *nozdrus* nares Alter 19.

338. obědъ prandium.

obed nsl.; serb. objed u. s. w. Slavische Elemente im Magy. 43: ebéd. — *o ňědo* Mahl Müller 187.

339. oblokъ.*

oblok nsl. serb. slovak. Slavische Elemente im Magy. 43: ablak. — *bloko* window hung. Bright LXXXIV. *bloki* f. Vocabul. *And i bloki* in das Fenster Müller 179. *dz i bloki* 186. *blokwi* domin. 185.

340. obrazъ forma.

obraz čech. — *robrazus* m. Bild Wrat. 116. *vobrizus* 128.

341. obuvalo.*

obuvati nsl. serb. u. s. w. — *obiale* linge de pieds Vaill.

342. obъ Praefix und Praepos.

obъ russ. u. s. w. — *obruklg* gerichtliche Untersuchung *обыск*: vergl. *te rodés* (ту *роди́с*) untersuchen Böhtl. 267. *trukui obušan* circumvehi Narb. *te obkerés* (ту *обкяри́с*) anzeigen Böhtl. 262.

343. ocvirъkъ.*

ocvirki plur. nsl. — *cirki* f. zerlassener Speck Vocabul.

344. odějalo amictus.

ogjnlr (ogjale, oghiale) couverture Vaill.

345. odrъ lectus.

odri plur. Gerüst; serb. odar Bettgestell, Bett; bulg. odar Bett; čech. odr, vedr Pfahl, Gestell, Gerüst. — *o rédro* Bett Müller 164. *(n)odr* Bett Aus Süditalien Ascoli 131. 139. *vodra* f. Bett Vocabul. *vodros* lectus u. s. w. Pott 1. 105; 2. 78, *vidros, vudros, badros,* bei den engl. Zigeunern Bright LXXXV. Harriot 538. 542. *vostrous* bed Bryant. *vodror* für *vodros* hung. ibid.

346. oględalo.*

ogledalo bulg. serb. — *glodálo* neben *dikliurdó* m. verre, miroir Pasp. 120. 245. *gledalo* m. Spiegel Vocabul. *gledelo* ibid.

347. okno fenestra.

okno, vokno čech. — *vochui* f. Fenster Wrat. 130, Pott 2. 77. *vochui, vochnin* Liebich 167. 196. *vochnin* Diseh. *angal e vochnusi* vor die Fensterchen Wrat.-Märch. 87.

348. okovъ.*

okov situla čech. Slavische Elemente im Magy. 43: akó, akós. — *trianda akósne* dreissig Eimer Müller 176. Unmittelbar aus dem Magy.

4

349. olěj oleum.
olej čech. — *olejis* Öhl Puch. 79. *olaji* f. Vocabul.

350. olovina sicera von olt, gen. olu.
olovina Treber russ.-dial.; rum. olovinъ, olъvinъ Bier. — *lovina* f. Bier Puch. 43. Vocabul. Liebich. Bisch. *lovinó* eine Art Bier Böhtl. 26. *lovinka* f. demin. Puch. 43. *lovineskéro* m. Brauer ibid. Pott 2. 385. *hovina* cerevisia Narb., der es für lit. hält; *lovinengero* Brauer Vocabul. *lovina* beer; *lovnangro* brewer bei den engl. Zigeunern Harriot 539. 540. *lavwak* beer Bryant. *liri* bière Vaill. Rumun. 33.

351. olъtarь altare.
oltar nsl. serb. bulg. u. s. w. Fremdw. 42. — *raldwri* (*waldwri*) Altar Pott 1. 106; 2. 82.

352. omeъ.*
Rumun. omъt 33. — *omet* neige Vaill.

353. opad: opasti.*
opad: opasti nsl. Slavische Elemente im Magy. 43: apad. — *apadinel* verb. einsinken Vocabul.

354. opekunъ.*
opiekun pol. — *opiekwnos* curator Narb. 116.

355. upovaъiti.*
upovážiti se sich orkühnen čech. — *apwažinel* verb. wagen Wrat. 100.

356. oroslanъ.*
oroslanj nsl. Fremdw. 43: magy. oroszlán. — *óroslanji* Löwe Müller 193. *oroslano* m. Vocabul. *orislana* (*oroschlana*) Bisch. Danil. 104.

357. oslaviti.*
oslaviti berühmt machen čech. — *oslavinel* Puch. 54.

358. ostrъ acutus.
ostrý čech. — *ostros* m. Schärfe Wrat. 100.

359. osьlъ asinus.
osel čech. — *oslus* Pott 1. 284. Wrat. 89. hat dafür *eslos*.

360. otъ ab Praefix und Praepos.
ol serb.; russ. otъ u. s. w. — *te otkerés* (тъ отъврěс) umkehren Böhtl. 262. *te otkhés* (тъ отъвěс) abfüttern 263. *otkieniname* requiescere Narb.

361. otъdъhnąti, otъdyhati respirare.
odehnoti, odihati nsl. — Vergl. *odiias hasri* repose-toi un peu; *ti odiias* reposons-nous; *ti jas udivairus* allons nous reposer Vaill. 66. 83. 87. Rumun. odihneak quietem tribuo; mъ odihnesk quiesco.

362. pąkъ aranea.
pavok, pujok nsl. Slavische Elemente im Magy. 44: pank, pók. — *póko* m. Spinne Vocabul. Aus dem Magy.

363. pahati.*
pachatь pflügen russ. — *pachiskirds* arare Alter 239. Pott 1. 439.

364. palьcъ pollex.
palecъ Finger russ. — *palicos* neben *kucilo*, *gudlo*, *gusto* digitus Alter 36. *palo* (*pollrho*) Daumen, Zehe Bisch. *paléo* (*palorho*) Zehe Bisch. *paléo* pouce Vaill.

865. para vapor.

para nsl. serb.; bulg. parъ; russ. parъ. — *parom* vapor Alter 111.

366. pastyrь pastor.

pastir nsl. serb. Slavische Elemente im Magy. 44: pásztor. — *pastori: pastoriste* sing.
das. Müller 175.

367. paunъ pavo.

paun bulg. serb. — *pann* paon Vaill. Rumun. peun 85.

368. pąpъ umbilicus.

pupak serb. u. s. w. — *pupo* m. Nabel Müller 195. *phupo* Vocabul. *pupt* f. ibid.

369. pečatь sigillum.

pečat nsl. serb. u. s. w. Slavische Elemente im Magy. 45: pecsét. — *prêrto* m. Siegel;
pečetelivel verb. siegeln Vocabul.

370. peharъ.*

pehar poculum nsl. kroat. u. s. w. Fremdw. 45; ahd. pehhar. — *bêkuri* verre Kog. 46.

371. pekarь pistor.

pekař čech. — *pekaris* m. Bäcker Wrat. 121.

372. pelena fascia.

plêna,* woraus plênica. — *plâna* f. bande, sangle Pasp. 440.

373. pero penna.

pero nsl.; čech. pêro; pol. pioro. — *e para* die Federn Pott 1. 284. *por* Feder Liebich 152. *pôr* Mündlich. *pora, fora* Alter 158. *pora* pluma Narb. *pora* Beas. Die Zusammenstellung mit dem pol. pioro wird durch den Umstand beseitigt, dass das Wort bei
den ungrischen und den englischen Zigeunern vorkommt: *por* pen, feather Bright
LXXXIV.

374. perьcь.*

perecь Pfeffer russ. — *pero* (перро) Böhtl. 15.

375. perьnica.*

pernica culcita aus Gundulić Stulli serb. — *pernica* f. Bett Puch. 45. Wrat. 103.
Federbett Wrat. 129. Polster 149. *pernica, pernica (peruzza, pernitscha)* Federbett Liebich
151. *pernyca* pulvinus Narb. *pyrnyča* Kissen, Bettzeug Böhtl. 22. 265. *perutča (pernitscha)*
Kissen Pott 2. 357. *pêrnici* Federdecke Müller 167. *pernici* f. Vocabul.

376. peštь fornax.

peč serb. — *pêtja* Ofen Müller 154. *pêtja* f. Vocabul.

377. pêna spuma.

pêna nsl.; serb. pjena; bulg. pênъ u. s. w. — *pena* Welle Puch. 45. Pott 1. 110;
2. 362. Die Verschiedenheit der Bedeutung macht die Zusammenstellung zweifelhaft.

378. pêsъkъ sabulum.

piasek pol. — *pjasku (piasku)* Sand Pott 2. 89.

379. pêšь adj. pedes.

peš adv. nsl. bulg.; serb. pješo adv.; čech. pêš. — *prės* adj. zu Fuss Puch. 45. adv.
Wrat. 103. 131. Wrat.-März. 86.

380. pęta calx.

. pata čech. — *patuna* f. Ferse Puch. 45. *puta, patuna* f. Fussohle Wrat. 131. *pata* f.
Ferse Vocabul. Hier liegt vielleicht ein Irrthum vor: *patuna* ist ngr. πατοῦνα Fussohle
Pott 2. 348. Ferse heisst nach Liebich 143. *kūr* nach Pasp. 285. kfur, kur u. s. w.

4*

381. pihati.*

pihati* kann als Iterativum von pih aufgefasst werden, von dem pšenica triticum abgeleitet wird. Man kann demnach geneigt sein *pichálo* m. Mühle Wrat. 104. und *pišalo* Puch. 46. *pišálo* Wrat. 105. *pišalešvro* m. Müller Puch. 46. von jenem pihati* abzuleiten: da jedoch der Zigeuner, seltene Fälle abgerechnet, nur fertige Worte aufnimmt, so ist es zweifelhaft, ob *pichálo* mit pihati zusammenhängt. Pott 2. 366. Vergl. sind. piš zerquetschen, zerstampfen, mahlen, malmen Fick 124. mit *pištra* (*pishtra*) moudre l'asp. 84. *pišlau* j'écrase, je broie; *pišhai* sable, poussière Vaill.

382. pijavica hirudo.

pijavica nsl. serb.; bulg. pijevica u. s. w. — *pirarícn* (*pirarítarka*) f. sangsue l'asp. 42. 439. *i piritzka* Pott 1. 102.

383. pilina.*

piliny plur. čech. — *pilinos* m. Sägespäne Wrat. 104.

384. pipa.*

pipa nsl. u. s. w. — *pipa* Pfeife Vocabul. Magy. pipa.

385. pivsnica cella vinaria.

pivnica nsl. u. s. w. Slavische Elemente im Magy. 76: pineze. — *pivca* Keller Müller 176. 188. Vocabul. Aus dem Magy.

386. plašte pallium.

plašt serb. — *plašta* (*pluhrshta*) Weibermantel Bisch. Pott 2. 368. *plaschda* Mantel Bisch. *blawshda* für plašta Mantel Liebich 128. *pelashta* cloak, *plasta* mantle bei den engl. Zigeunern Harriot 543. Bright LXXXII. Vergl. *plachta* Betttuch Bisch. *blachda* für *plachta* jedes grosse Tuch ibid. und *plasto* m. Leinwand. Vocabul. Pott 2. 367.

387. platiti solvere.

platiti serb.; bulg. plati u. s. w. — *plaskirava* solvere Narb., vielleicht für *placiskirava*.

388. plaviti favere ut flust, natet.

plaviti schwemmen; plaviti se schiffen čech. — *plavinl* verb. schwimmen Puch. 75. Wrat. 155. neben *plimevel* Wrat. 155. aus dem griech. Pott 2. 361.

389. plave navis.

plav linter serb. — Vergl. *plava* radeau Vaill.

390. plemę.

plemja Geschlecht russ. u. s. w. — *plówjo* Blbtl. 7.

391. plugъ.*

plug nsl. serb. u. s. w. — *plugo* l'Bug Bisch. *plágu*, *sfatri plugásku* Pflugeisen Boss. 392. pluta.*

plut, pluto, pluta Kork, eig. das Schwimmende; plutati schwimmen serb. — *plota* radeau; *plutin* jr flotte; *plutin* flotte Vaill.

393. po Adverb, Praeposition und Praefix.

po mit dem Positiv drückt namentlich im bulg. den Comparativ aus: po bogat ditior; po wird auch mit dem Comparativ verbunden, in welchem Falle der Comparativ zweimal ausgedrückt erscheint. Demselben Zwecke dient *po* in der Sprache der Zigeuner: *po lačó* (*latckó*) meilleur l'asp. 66. 440. *po anglé* plus en avant l'asp. 137. *po kali* schwärzer adj.; *po kalés* adv.; *po kaleďér* schwärzer Ascoli 100. *o po laťeďér* (*latehcdér*) optimus l'asp. 66. Mit den Cardinalia verbunden drückt *po* die Distribution aus: *po panah* Pott 1. 227. Als Praefix tritt *po* auf in *pobistráf* ich vergesse Pott 1. 435: *bisteráva, bismráva* ich vergesse Liebich 128. *pobisteráv* perf. Müller 202. *pobisterel* Vocabul. *bistráva* Pasp. 181. *bistráva* j'oublie Vaill.; *póda* gib Alter 244.

394. podkova.*

podkova nsl. Slavische Elemente im Magy. 47: patkó. — *pátkolinel* beschlagen Müller 156. *patkorinel* Wrat.-Mitsch. 91. Unmittelbar aus dem Magy. *patóla* f. Hufeisen Vocabul. ist jedoch griech. πέταλον.

395. podrum.*

podrum cella vinaria serb. Fremdw. 46. — *kirchimo podrum* inn Bryant.

396. podvorije.*

podvorbe russ. — *podvóru* aula, cors Alter 170.

397. podb tabulatum.

pod nsl. Slavische Elemente im Magy. 47: pad. — *pod* m. Hausboden Vocabul. *pod* pont Vaill. Rumun. pod 87. *pádu po paj* Urůcko Bess. Vergl. *propodus* second story of a house bei den engl. Zigeunern Harriot 555. Pott 1. 105.

398. pokoinb quietis.

pokojný ruhig, friedlich čech. — *pokono* adj. ruhig, friedfertig Wrat. 131. 151. 157. *pokono* adv. 105. *pokoni* f. Friede 131. *pokompen* m. Stille 151. 157. *pokinjavel, pokinarel* verb. ruhen 151. *pkokinarel* ausruhen 120. *peste pekokinjon sobě odpočiňte* Puch. 68. *pokojno (pokoino)* zufrieden Pott 1. 191. *pokoino* still, ruhig Liebich 152.

399. polje campus.

pole čech. — *andro poly* in die Felder Puch. 75. *pal o poly* in Feldern 73.

400. poměnb memoria.

poměnb bulg. — *pomeno* Opfer Bess. Rumun. poměnb.

401. ponedělbnikb dies lunae.

pondělek čech. — *pondjelbra, phondjelbra* (—dirlkus) Wrat. 104. 145.

402. ponosb exprobratio.

ponositi serb. Slavische Elemente im Magy. 78: panasz querela; panaszol queri. — *pánaszkodinla* perf. beklagte sich Müller 156: magy. panaszkodik. Mit der ursprünglichen Bedeutung abgetragen *ponos usb* Vaill. Rumun. 38.

403. ponbčoba.*

pončocha Strumpf pol.; čech. punčocha. Aus dem Deutschen. — *pančorka (pončachurka)* Pott 2. 348.

404. popelb, pepelb cinis.

popel čech. — *pupelos* m. Asche, Staub Wrat. 105.

405. porьčiti commendare.

porьčiti nsl. Slavische Elemente im Magy. 48: parancs, parancsol. — *parancolinel* verb. befehlen Vocabul.

406. porь.*

por, pori luk serb.; nsl. por u. s. w. Fremdw. 47. — *purúm* oignon Pasp. 123. Nur in Europa bekannt.

407. poжibati.*

poжibatь russ.: das praefixierte Verbum findet sich in den Wörterbüchern nicht. — *e strashri óururós poжibitb* (в страхом чоророс вожибать) Furcht durchzuckt den Armen Böhtl. 16. poжibaitь russ. conjugiert.

408. potokъ rivus.

potok nsl. serb. u. s. w. Slavische Elemente im Magy. 78; patak. — *pútakw* Bach Müller 173.

409. povidlo.*

povidlo eingesottener Obstsaft, insbesondere Zwetschkenmuss čech. — Vergl. *bibla* m. Brei, Muss Wrat. 82.

410. povije.*

povije zwischen den Augenbrauen serb. — *poreja* (повеѩ) Alter 21. *porja* (*poreju*) Augenbrauen Bisch. *pord* sourcils Pasp. 70. *pekurnjá* Bělg. Der Zusammenhang wird zweifelhaft durch hind. bhauā, plur. bhauen sourcil Garcin de Tassi, Rudiments 10: die aspirierte media geht, wirklich oder nur scheinbar, in die aspirierte tenuis über.

411. pozdě sero.

pozdě čech. — *pozdrě* richtig wol *pozdes*, adv. spät Wrat. 105.

412. pragъ limen.

prag nsl. serb. u. s. w.; russ. porogъ. — *prigu* Ross. Rumun. prag.

413. prahъ pulvis.

prah nsl. serb. bulg. u. s. w. — *prihus* m. cendres Séd. Pasp. 123. 445. *priko* m. Staub Müller 202. Vocabul. Bei den span. Zigeunern *praus* Pott 1. 106. und *prau* Pasp. 36. Quelquefois on entend chez quelques Tchinghianés sédentaires la forme plur. *prakhwata*, imitée du plur. grec moderne 445. *prāchos* arena Alter 102. Pott 2. 361 *prachos* Sand Liebich 153. aus dem pol. Vergl. *barraw* Sand Bryant. *Prahos* kennen die asiatischen Zigeuner nicht.

414. praporъ vexillum.

prapur étendard Vaill. Rumun. 39.

415. prě Praefix.

Allen slavischen Sprachen gemein: russ. pere. — *perejać* (перееѩ) aufhören, Böhtl. 25. Es ist eine Nachbildung des russ. perestatъ, wobei (*uč očav*) esse, habitare, manere dem stats als gleichbedeutend angesehen wird: *ač* bleib! halt! Liebich 125. *perelés* (пepeзie) verstehen drückt etwa das deutsche begreifen aus, indem *le* (*lav*) nehmen ausdrückt. Als Adverb findet sich prě vor Adjectiven und Adverbien in der Bedeutung des lat. *prae*: *pre, pra* très Vaill. 39. *prěbût* trop 59. *prělato* bien bon 53. *prasučten, premušto* Vaill. 56. 68.

416. prědъ sq.*

před sa, předce vor sich, weiter, dennoch čech.; slovak. preca. — *preen* adv. dennoch Puch. 73.

417. prěko per Praepos.

prěk nsl.; serb. preko. — *preko* Praepos. durch, vor; *prekoić* adv. vorgestern Vocabul. *prika o wā* durch den Wald Müller 185. *priku* Adverb hinüber ibid.

418. prětiti minari.

prititi für prětiti nsl. — *pretervava* (*prettervava*) drohen Pott 1. 437. *pretterraf.* perf. *pretterduw* 2. 360. *pretterwava* Liebich 153.

419. prědzdanъ anterior.

prežnij russ. — *prěžnjo* Böhtl. 9.

420. pri Praefix und Praeposition.

In allen slavischen Sprachen. — *le priskirdés* (тe приекирдес) hinzufügen, bezahlen Böhtl. 22. 264.

421. prijatelь amicus.
prijatelj nsl. serb. u. s. w. — Vergl. *prii* ami; *prieṫk* amical Vaill.
422. prijati favere.
přáti aus přijati, přeji čech. — *přějinel* gönnen Wrat. 163. *prikinel* 134. *prējnel* 106.
423. prikloniti inclinare.
priklonitь russ. — *priklonіti* anlehnen; *priklonju* ich werde anlehnen Böhtl. 16.
424. pritvorъ porticus.
pritvor serb. Serbische Elemente im Magy. 50: pitvar Vorzimmer, Küche. — *pitura*
f. Küche Vocabul.
425. pritъča parabola, causa.
prіčkati se rixari nsl. — *priču* dömélé, procès Vaill. Rumun. 39.
426. prizadumati.*
prizadumatь sja russ. — *prizadumavši* in Gedanken Böhtl. 17. Es ist das russ. Par-
ticipium praet. act. I.
427. pro Praefix und Praepos.
In allen slavischen Sprachen. — *prokcholybé* (прохолыви) Verlust Böhtl. 263. Vergl.
krlárн spiele, daher eig. das Verspielte: vergl. russ. proigratь.
428. prositi rogare.
prosіti bitten nsl. u. s. w. — *prisurav* (*prisurraf*) beten Bisch. Pott 2. 360. *priserdjns*
hatte gebetet Wrat.-März. 100. *priserpa* (*prisserpn*) Gebet Bisch.
429. prostiti remittere.
prostiti ignoscere serb. — *prostinel* verb. verzeihen Vocabul. *prusrrav* (*prusrraf*) verzeihen, erlauben Bisch. Pott 1. 437; 2. 360. der, allerdings zweifelnd, pol. przepuścić
heranzieht. *Bnlaprästja* Opfer Bess. ist nsl. bugъ da prostitъ deus remittat.
430. prostъ simplex.
prostъ nsl. serb. u. s. w. Slavische Elemente im Magy. 50: paraszt bäuerisch, Bauer.
— *prösto* m. Bauer Müller 166. *tu čéro prōstoje* du armer Bauer 171. *prostiko* bäuerisch
166. 171.
431. pustynji desertum.
pustina slovak. — *pustinja* (*pustiňa*) Einöde Puch. 55. *pustín* Bess. *pusta:* ären *jékhe*
báre pilstate sie kamen (kommen) zu einer grossen Pusta Müller 171: vergl. magy. puszta
Slavische Elemente im Magy. 50.
432. puška.*
puška nsl. serb.; bulg. puškъ u. s. w. rum. puškъ. Fremdw. 48; ahd. buhsa. —
puška sclopetus Narb. *puskkí* (*puskki*) f. fusil Pasp. 452. *pusko* m. Büchse Vocabul. *buschka*
Bisch. *pusra* musket. escopeta bei den span. Zigeunern Borrow. Pott 2. 365. *puški* plur.
Gewehre Müller 159.
433. pyhati.
pihati, píšem blasen nsl. — Mit diesem Worte hat Ascoli 55 *pisd* m. Blasebalg
Puch. 46. Mündlich. *pišt* (*piskét*) m. soufflet Pasp. 123. 439. *pihat* Müller 156, 172.
pist m. Vocabul. *pistora* bei dem Blasebalge Pott, Ztschr. 334. zusammengestellt: ich
bezweifle die Zusammengehörigkeit aus dem bei pihati angegebenen Grunde, *pišt* ist
allerdings in Asien unbekannt Pasp. 123: auch in Europa gilt daneben *kúko* Müller 195.
434. pyrъ.*
pýřiti se erubescere čech. Slavische Elemente im Magy. 50. — *piróšu* roth Müller 173.

435. pьklъ pix, infernus.

pekel nsl. u. s. w. Slavische Elemente im Magy. 50: pokol. — *puklo* m. Hölle Vocabul. Vergl. *pikla* brume Vaill. Rumun. 41.

436. pьнь.*

pоnь rum. u. s. w. — *pnjus* truncus Alter 132.

437. pьprь piper.

papar serb.; bulg. piper; čech. pepř u. s. w. Fremdw. 49: πιπέρι. — *pipros* m. Pfeffer Puch. 45. Wrat. 101. *peperi* f. Wrat. 103. 146. *pipiri* m. Pasp. 435. *peperi* Liebich 151. Pott 2. 351.

438. pьsati scribere.

pisati nsl. serb. u. s. w. — *pisinel* verb. schreiben Vocabul. Müller 205.

439. raditi.*

radzić pol. — *the radžimurau* suadere Narb.

440. radъ lubens.

rado adv. serb.; čech. rád. — *rado* gerne: *jek romni rado kerelas* ein Weib arbeitete gerne Puch. 62. Mit radъ verwandt ist nsl. radostь laetitia, čech. radost gaudium: *radostja* (*radostu*) Freude Puch. 54, neben dem man *frejda* (*freida*) findet Wrat. 131. Hieher gehört *radysmuras* wol für *radysmuras* gaudere Narb.

441. raj.*

raj Paradies russ. u. s. w. — *rejo* Böhtl. 7. *raj* paradis Vaill. Rumun. 42.

442. rakъ cancer.

rak čech. — *rikus* m. Krebs Wrat. 107. *rako* m. Vocabul. *rak* écrevisse Vaill. *raco* m. crab. cangrejo Borrow. neben *karardi* Mündlich. und *karabin* m., *karadiu* m. Vocabul.

443. rana vulnus.

rana nsl. serb. u. s. w. — *rana* f. Wunde Vocabul. *rana* blessure Vaill. Rumun. 42. *rannaj* Wunde Bess. *rynistjlem* ich verwunde Bess.

444. rano mane.

rano serb. bulg. — *rino* matin Séd. Pasp. 124. de bonne heure 455. *Rano* ist nur in Europa bekannt.

445. ravьnъ planus.

rovný čech. — *rocunis* adv. gerade aus Wrat 108. Ganz russisch ist *romnjajn sja* ich gleiche Böhtl. 17.

446. razboj latrocinium.

rozboj nsl. u. s. w. — *ryzbiju* Krieg Bess. Rumun. rьzboju.

447. razъ Praefix.

raz, roz nach Verschiedenheit der Sprachen. — *te rozlās* (тэ роазэ) theilen Böhtl. 267. aus russ. rozъ und zig. *le* sumero, daher dem russ. roznjatъ entsprechend. *te rozgeuēs* (тэ роазэйс) auseinander gehen Böhtl. 263. Vergl. *rozmenkiзp* dissolutio Narb. Die rumun. Zigeuner haben das rumun. Praefix *des* aufgenommen: *despandel pe* il ôte son ceinturon Vaill. 81.

448. rebro costa.

żebro pol. — *džearu* costa Narb.

449. reką dico.

řku, řeknu čech. — *raker* (*rakker*) sprich Pott 1. 436. *rakir* sprich Bisch. *rakkeraua*, *rakkeraua* ich rede Liebich 151. Die Formen *vrakerdea* parler Pasp. 86. 579. *rakerel* verb. sprechen Müller 165. 201. Vocabul. zeigen die Unrichtigkeit dieser Zusammenstellung.

450. rešeto cribrum.

rešeto serb.; bulg. rešeto, rešeto. — *rešěto* (*rešěto*) blutoir Sd. Pasp. 124. 460. Nur bei den sesshaften Zigeunern in Europa. Vergl. *rešto* bluteau, tamis Vaill.

451. retęzъ.*

Retěz catena čech.; oserb. *rěčaz* u. s. w. rumun. retĕz pessulus Fremdw. 50. Vergl. *rětavi* (*rzeklawy*) Schlosskotten Pott 2. 25. 538.

452. rěca.*

reca, raca Ente nsl.; serb. raca Fremdw. 49; rumun. racь: magy. rěcze. — *reca* f. Ente Vocabul. *raca* canard Vaill. *rěca* Bělg. Bess. *rerd* (*retsd*) f. Wrat. 107; die Schreibung lässt vermuthen, dass Wrat. das Wort nicht selbst gehört, sondern einer schriftlichen Quelle entlehnt hat; Puch. 50. hat dafür *žambali;* Danil. 104. scheint gleichfalls das Wort nicht gehört zu haben: *rece* (*retze*), *rečori* (*retstori*); Alter 163. bietet *hirecu* (d. i. *i reca*) und *reczori:* Bright engl. LXXXIII. *Arretzi* (d. i. *ke retzi*); bei Pott 2. 271. findet man ausser anderen Formen *rěča* (*retscha*); Liebich 155. endlich hat *rečka* (*retschka*), *reca* (*retza*).

453. rěpa rapa.

repa nsl. u. s. w. Slavische Elemente im Magy. 51: rěpa. — *repu* f., *ripi* f. Rübe Vocabul.

454. robъ servus.

rob bulg. serb. u. s. w. — *rob* esclave; *robim* je patiente Vaill. Rumun. 42.

455. rodъ partus.

rod nsl. u. s. w. — *roody* Frucht Bess. rumun. rod.

456. rogačъ.*

rogačъ russ. — *rogléi* Ofengabel Böhtl. 267.

457. rogatъ cornutus.

rohat čech. — *rakato* gehörnt, eckig Wrat. 107.

458. rogozъ papyrus: rogozina tapes.

rogoz carex nsl. serb. u. s. w. — *rogožna* (*rogojna*) paillasson; *ropoj* (*rogoj*) jonc falsch für jonc Vaill. Rumun. 42.

459. rogъ cornu.

rogъ russ. — *rogous* Alter 151.

460. rovъ fovea.

rovъ russ. — *róvus* fossa Alter 120.

461. ruža.*

ruža serb.; bulg. rużъ u. s. w. Fremdw. 51; rumun. rużъ. — *rúža* Müller 162; *ruža* (*rutscha*) Kog. 40. *ruž* Aus Süditalien Ascoli 139. Pott 2. 280. *rudo, ruž* (*rutscho, rutsch*) flower bei den engl. Zigeunern Harriot 546. *rogeu, roseo* flower Bryant.

462. rudarъ.*

rudar und *arrar* heisst in Siebenbürgen der Zigeuner, der Goldwäscherei treibt: *rudar* orpailleur; *rud* métal Vaill.

463. ryknǫti rugire.

ryknutъ russ. — *rýknet* Geschrei Bess. rumun. rъknesk.

464. rylъ, rylъcъ ligo.

rylec pol. — *o kerler* (*kerletz*) bêche Vaill. 73. rumun. hьrlec sarculum.

465. rynьskъ*: asl. rinъ Rhenus.

rýnský rheinisch, der rheinische Gulden čech. — rinckou m. Gulden Puch. 47. rinčkou Wrat. 107. rinъskou 134. Pott 2. 276.

466. rysь pardalis.

ris lynx asl. serb. u. s. w. · ris bête fauve Vaill. Rumun. ris pardalis 43.
467. ryšь.*

ryšav rufus čech.   ryšyca bombyrinuu sericum, eig. röthlicher Stoff Narb.
468. ryždь rufus.

ruškat vermeil Vaill. Rumun. 43.
469. ržavъ rubigo.

ržjav malus serb. — črdavo adj. schlecht Vocabul. k asl črdovi phou zu jener schlechten Schwester Müller 189. črdovo bĕs ein schlechtes Jahr 204. črdiavo ununuh a wicked man hung. Dright XCI. črdavine adv. Bornem. 118.

470. ržь.*

rž asl.; čech. rož; russ. rožь. gen. rži Fremdw. 51. — ražo (ražko) Danil. 105. ražo (richtig ražo) neben gir (gir) Alter 141, wie in den slavischen Sprachen ržžь neben žito für secale Pott 2. 280. ražgo (ražgy) seigle Vaill. jarža Roggen, Mehl Bühl. 25. o ržžika Roggen Bornem. 89. Vergl. rьgьbiln; ropь biln (secale est) rye hung. Dright LXXXIV.

471. sablja ensis.

sablja asl. serb.; bulg. sabija. sabъ u. s. w. Fremdw. 51. — sarin m. Säbel Wrat. 109.
472. samъ ipse.

samъ russ. — jor sčuno Bühl. 10.
473. sapunъ.*

sapun serb. bulg. alb. Fremdw. 52; ngriech. σαπώνι. rumun. sъpon. magy. szappan. — sapunis m. Seife Puch. 47. sapunĕ m. suvon Sĕd. Pasp. 124. 472. sapni 472. sčpunio Müller 189. sapuni f. Vocabul. sapaui f. ibid. Die Urheimat der Sache und des weitverbreiteten Wortes ist Europa Pott 2. 236.

474. saraj.*

saraj Schuppen russ. Fremdw.   sardjo Bühl. 7.
475. sušinъ.*

sušinъ, sasъ asserb.; čech. pol. rumun. sas u. s. w. Fremdw. 52. — sasu m. Deutscher Puch. 47. sasičkou demin. ibid. sasitku adv. ibid. sasitkes adv. Wrat. 108. saskinja (saskiša) Soldatennietze Puch. 47. Pott 2. 241. sasu (sasu) Suchse. Deutscher Liebich 157. 234.

476. sъbota dies sabbati.

sobotu čech. — sabuta f. Samstag Wrat. 109. Vocabul.
477. sъkъ surculus.

sŏk asl.; russ. sukъ; čech. suk; pol. sęk. — srukvos ramus Alter 137; sukos, demin. sukičkos steht bei Puch. 11. ohne Angabe der Bedeutung. Pott 2. 239.

478. sějati serere.

sějatъ russ. — silskirža serere Alter 238.
479. sěkavica.*

Von sěkati. — sekavica f. Nagelzwicker Vocabul.
480. sěmę.

sěmja Samen russ. u. s. w. — sěmjo (rimě) Bühl. 7.

481. séň.

síň atrium čech.; magy. szín. — sina (sikna) Küche Bisch. Pott 2. 238. Vergl. pritcorъ.

482. sęgъ:* sęžanь orgyia.

sáh čech. — sihna m. Klafter Wrat. 108.

483. sila via.

sila nsl. serb. u. s. w. — sila Gewalt Pott 2. 240. silel verb. bändigen Wrat. 121. silovel verb. zwingen; sildo bezwungen 109. silaven, silernava zwinge; sildo, silovdo besiegt; silapnav, silepnav Zwang Liebich 159. sderava zwinge Wrat.-March. 99. silkirava (sylkirava) ich zwinge Pott 1. 442. sila f. strength, fuerza neben siulu; pusiláti adv. compulsively, by force, por fuerza; siluů adj. strong, fuerte Borrow. vergl. auxilium eni pusilium bat I have suffered and toiled much Borrow, Gipsies 264.

484. sinь hyacinthinus, lividus.

sinij blau russ. — sinjo m. sinja f. Böhtl. 9.

485. sirakъ pauper.

sirak bulg. serb. — surav pauvre Vaill. Rumun. sъrak 44.

486. sito.*

sito nsl. bulg. serb. pol.; čech. síto (sejto) u. s. w. lit. sótas. — sita (sikta) Sieb bei den Zigeunern in Liefland Pott 1. 110. sita tamis Vaill. Rumun. 44.

487. sivъ cinereus.

siv nsl. bulg. serb. čech. u. s. w. — siro adj. grau Wrat. 109. suvo Liebich 159. syvo Narb. 116. pe syvone gredy auf grauem Pferde 115.

488. skolъka ostreum.

skojkъ concha bulg.; serb. skoljka. — skojka Muschel Bess. rumun. skojkъ.

489. skornja.*

skoraji nsl.; čech. skornů. škoruš. — skoraje (skoruů) f. Stiefel Puch. 48. skornia Wrat.-March. 91. skorui f. Wrat. 111. skorija f. 109. schkoruia Bisch. Pott 2. 233. skorui. plur. skornia Liebich 159. skkornia oerea Narb. skorri für skorni bei den finn. Zigeunern Bugge, Beiträge 1. 147. skoni für skorni boots bei den engl. Bright LXXXII. corues plur. für scorura buskins, botines Borrow Pott 2. 127.

490. skripъka.*

skrzypki Geige pol.; klruss. skrypka. — skripka crinerin, violon; skriptkar musicien Vaill.

491. skrъžьtati stridere.

skirtav je grince; skirdni grincement Vaill. Rumun. skъršnesk 45.

492. skvrъnavъ sordidus.

skvrn serb. — skyrnie schmutzig Bess. Rumun. skъrnъ.

493. sliva.*

sliva nsl.; serb. šljiva; čech. slíva. — siva f. Pflaume Müller 181. sivo Bomeni 89. sivi f. Vocabul. sirakero ibid. sliriko káli Pflaumenbaum ibid. silava f. Zwetschke Wrat. 109. 168. Obst 109. 147. cilava, thildava ibid. thilava Zwetschke, Obst Puch. 49. Vergl. Pott 2. 108. Das zig. silava u. s. w. scheint unmittelbar aus dem magy. entlehnt: szilva Slavische Elemente im Magy. 54.

494. sluga servus.

sluga nsl. serb.; bulg. slugъ u. s. w. — sluga f. Magd Vocabul. Vergl. mi bonus slugudhis I was serving Borrow, Gipsies 264. slugalis Soldat Vocabul. Ung. služinel verb. dienen Vocabul. schluginel to serve bung. Bright XC. schluginiom I have deserved bung. ibid.

s*

495. sluzъ squama.

Vergl. slъz Schuppe Bess. rumun. solz.

496. smijati se ridere.

smejъ sъ bulg. — smino je souris Vaill.

497. smoky ficus.

smokinъ bulg. — smokin figue Vaill. Rumun. smokin 45.

498. smola bitumen.

smola nsl. u. s. w. — zmóaly Pech Bess. rumun. smolь.

499. smrъkati.*

smrkati schnäuzen čech. — smrkadel verb. Wrat. 109.

500. soha vallus.

soha Hakenpflug russ. — sirha Alter 165.

501. sova noctua.

sova nsl. serb. čech. u. s. w. — sova (i sova) Eule Pott 2. 190.

502. srěda dies mercurii.

sirěda čech. — sredone m. Mittwoch Wrat. 110. sredune 145. srida f. Vocabul. neben matkerdumo dives der mittlere Tag 145. Liebich 222. matkardives Wrat. 97.

503. srъbinъ.*

srbin serbus serb. — sirbicko adj. serbisch; me dar duma sirbicka ich spreche serbisch. Vergl. servo adj. slovakisch; serviko m. Slovak aber ist wohl servo subst., serviko adj. Vocabul.

504. srъnъcъ* δορκάδων damula.

srner čech. — srnros m. Reh Wrat. 110.

505. stajnja.*

stajně* staješ čech.; pol. stajnia. — stanjo (stanja) f. neben stala Stall Wrat. 110. striuia Stall Liebich 160. Tanja (tanya) leuto Kog. Pott 2. 285. ist wohl magy. tanya Aufenthaltsort, besonders der Hirten, das slav. stanje ist. Slavische Elemente im Magy. 55.

506. stanъ hospitium.

stan habitatio nsl. serb. u. s. w. — stano locus bei den span. Zigeunern Borrow Pott 2. 468. Mit serb. stanac saxum immotum vergl. man staun bloc, pierro, roche; stauko massif, solido; stauka masso, roche Vaill. Rumun. stau, sтаuko saxum 46.

507. starostь senectus.

starost Alter, Sorge serb. čech. — starostja (starosta) Sorge Puch. 79.

508. stavilo statera.

Auf dieser Form beruht — stavila obstacle Vaill.: die Bedeutung erklärt sich aus nsl. staviti statuere, impedire. Rumun. stavilъ latus lecti exterius 46.

509. stъpiti incalere.

stöpiti nsl.; serb. stupiti u. s. w. — stapiar (stappiaf) schreiten Disch. Pott 2. 245. Der Zusammenhang ist zweifelhaft.

510. stъpьnica.*

stupnice Seitenbalken der Stiege čech. — sirpnica (tschrpnitscha) Leiter Pott 2. 187. 530. Die Zusammenstellung ist unsicher. Es scheint eine Verwechslung mit žubenica vorzuliegen, was zu vergleichen ist.

511. stlъpъ columna.

stolp nsl. u. s. w. — stilp poteau Vaill. Rumun. stъlp 46.

512. stoborъ.*

stobor nsl. Slavische Elemente im Magy. 55: sztobor. — *stbor* m. Pfahl Vocabul.

513. stogъ acervus.

stog Getreide-, Heuschober serb. u. s. w.; rumun. stog; nsgy. asztag. — *stogus* Schober rick bei den engl. Zigeunern Harriot 553. ist wohl das engl. stack Pott 2. 246.

514. stolъ thronus, sella.

stol nsl. u. s. w. Slavische Elemente im Magy. 55: asztal Tisch. — *stolo* Tisch Müller 193. Vergl. *jékke dstoleha* mit einem Tische 184.

515. strahъ terror.

strachъ russ.; strach čech. pol. — *strachof* domin. Furcht Böhtl. 16.

516. strana regio.

storona, storonka russ. — *storonka* Ort Böhtl. 16.

517. strěha tectum.

*
strecha čech. — *strecha* Dach Puch. 55. neben *tacha* Wrat. 125. *straki* auvent convert Vaill. *i straki* auvont 78. Rumun. 47.

518. strъkъ ciconia.

strъk bulg. u. s. w. — *kukutórk* Storch Bess. rumun. stark.

519. stъklo vitrum.

steklo nsl.; bulg. stъklo; kroat. caklo; serb. staklo, stklo, sklo, caklo, cklo u. s. w. Fremdw. 55. rumun. stikla. — *caklo* m. Glas Puch. 37. Vocabul. *cáklo* Wrat. 84. *steklo* m. Glas Vocabul. neben *glaza* (*glasa*) f. Wrat. 90. und *waklin* Liebich 204. *waklin* bottle engl. Bright LXXXV. aus dem ngriech. *ύαλί stégla* f. vitre, miroir Pasp. 43. 484. *caklúno* adj. Puch. 37. *caklengéro* m. Glaser ibid. *caklengéri* f. ibid. *cakle'* cyathos Pott, Zischr. 3. 333. *cklo* (*terkeklo*) Glas Grellm. 223. Pott 2. 69.

520. stъza semita, stъgna platea.

steza nsl.; nsl. stegna Triebweg. — *stiga* f. Fussteig Wrat. 110. *stika* Pfad Bisch. *stigga* rue Kog. 44. Die Zusammenstellung ist trotz stignąti sehr zweifelhaft und das Wort wohl deutsch Pott 2. 246.

521. sumъněti dubitare.

sumnjati dubitare serb.; nsl. sum, umnja suspicio; sumniti se u. s. w. — *sumerel* verb. eifersüchtig werden; *sumepen* m. Eifersucht Wrat. 110.

522. surъ.*

sur nsl. bulg. serb. — *suro* adj. grau Wrat. 110. *suro* Liebich 161.

523. světъ lumen, mundus.

svět nsl.; serb. svijet; bulg. svět; čech. svět. — *sveto* m. Welt Wrat. 165. Vocabul. *sveto* Wrat. 112. *schweto* Liebich 158; *sveto* coelum Alter 2. ist wohl auch sveto zu lesen. *sveti* (*světi*) f. world, people, mundo, jente bei den span. Zigeunern Borrow. Pott 2. 233, 464. *opiskunos sare svetoske* opiskun ludu Narb. 116. *sveste* Welt, Volk Borrow.

524. svętъ sanctus.

svet nsl. serb. bulg.; pol. świąty; lit. šventas. — *svendo* adj. heilig Wrat. 112. 135, fromm 131. *schwendo* heilig, katholisch Liebich 153. *svendopen* Frömmigkeit Wrat. 131. *svjetimdjas* (*světindjas*) sveti[l] Puch. 55. *svendo* (*schwendo*) katholisch; *svendo dives* Feiertag Pott 2. 233. Obgleich *svendas* dem lit. auffallend nahe steht, glaube ich doch, dass es auf pol. świąty beruht: ą ist durch ę ersetzt und vję wie sonst, in vę, ven übergegangen. Dass nach n die tenuis in die media übergeht, ist in der Lautlehre des Zig. begründet.

sarakon festus (dies) Narb. Unmittelbar aus dem Magy. stammt szenta, szinton Grellm. 316. sento adj. heilig; szentelni: nek szentelin weihe Müller 183. szentuo heilig Bornem. 119. Slavische Elemente im Magy. 66: szent.[*]

525. svinьcь.[*]

svinac nsl.; russ. svinecъ; lit. švinas. — svinci Blei Bĕlg..Pott 2. 248.

526. svoboda libertas.

svoboda čech.; nsl. slobода. — slobodu Freiheit Puch. 75. slobodno adj. frei Vocabul. 527. svrьdlь terebra.

svrdao serb.; nsl. sveder. — sfredel vrille Vaill. Rumun. sfredel 44. Hieher gehört auch fladera Mundlich.

528. syrovъ crudus, syrъ humidus.

syrъ humidus russ.; klruss. in Podolien surovyj humidus; čech. ist syrov und syr rob. — syrûvo neben kintu humidus Alter 213. Pott 2. 239.

529. sъbądą sę eveniam.

sbilo se jo serb. — shindu succès Vaill. Vergl. Rumun. 16.

530. sъborъ conventus.

zbor bulg.; serb. zbor, sabor; zboriti loqui, confabulari: daher ogr. Συγπορίζω Slavische Elemente im Ngriech. 17. — zbórus (zbórus) m., zbora f. (zbóra) discours, langage l'asp. 476. zburizava (zburizava) parler ibid. zburizlas (zburizlas) o čor (tchor) les voleurs crièrent 52.

531. sъdravъ, zdravъ sanus.

zdorovъ russ. — zdorow gesund Böhtl. 17.

532. sъljubiti sę adamari.

slibiti čech. — slibinel verb. versprechen Wrat. 109. slibindel 163. Sljubma (szlubmas) Narb. 115. ist pol. ślubiny Verlobung.

533. sъmątьnъ.[*]

smutny čech.; pol. smutny u. s. w. — smutuo adj. traurig Wrat. 109.

534. sъmętoua.[*]

muctuau čech.; pol. śmietana u. s. w.; woher rum. smaxtaraъ und deutsch Schmand, Schmetten. — sarantina (schwengtdua) Rahm Bisch. Pott 2. 233. sainduua (schuinduua) Liebich 280. suentino crême Kog. 39. smentin crême Vaill. neben tefiku Wrat. 158. Während das rumun. Wort smaxtaraъ Rumun. 48. sowie deutsch Schmand auf sъmętati führen hinweist, lassen čech. pol. u. s. w. an sъmesti abschöpfen denken.

535. sъnъ.

sonja Siebenschläfer russ. — sônju Böhtl. 7.

536. sъpotъkatĭ.[*]

spotkać, potkać begegnen pol. — spotkiskirava: spotkiskirde sie begegneten Narb. 116.

537. sъprь, suprь: supra adversarius.

sûperil pe suundi il se fâche contre moi Vaill. 55. sûperauem tu te repuis dérangé 70. Vergl. Rumun. 48.

538. sъslabiti.[*]

sslabinel verb. ermatten: chiru, kêro sslabimle die Füsse, der Kopf wurden matt Puch. 68.

539. sъtąžiti si gravari.

stižiti se čech. — stežinel verb. sich beschweren Wrat. 122.

540. sъvada contentio.

svada nsl. u. s. w. — sfada dispute Vaill. *el sfagin pe ils se disputent* 55. Rumun. sfadъ 47.

541. šafranъ crocus.

šafrán čech. — *šafranus* m. Safran Wrat. 151. *safranus* 108.

542. šarъ.*

šarъ Kugel russ. — *šarus* globus Alter 74.

543. šъstarъ vasculum.

šistar tinette Vaill. Rumun. *šuštarju* mulctra 53.

544. šetriti.*

šetřiti aufmerken, schonen čech. — *šetrimel* verb. schonen Wrat. 111. 154.

545. šilo subula.

šidlo čech. — *šidlos* m. Schusterahle Wrat. 111. *širlus* 118.

546. šipъkъ rosa.

šipek čech. — *šipkos* Hagedorn Puch. 77.

547. šišakъ.*

šišak nsl. Slavische Elemente im Magy. 57: sisak Helm. — *sisako* m. Mütze Vocabul.

548. škola.*

škola čech. — *škola* f. Schule Wrat. 111.

549. šteka.*

šćeka, šćoka Wange russ. — *šika* genae Alter 26. Pott 2. 229.

550. šubenica.*

szubienica Galgen pol.; čech. šibenice. — *šebnica (schebnitza)* Galgen; *šebenica (tschebenizza)* rotw. Pott 2. 231. *šebnica (schebnitza)* Leiter, Galgen Liebich 157. *tschepnitscha* Leiter Bisch. Vergl. stąpnica. Für Leiter bietet Liebich 160. *sterorica (sterorizza)*.

551. šumъ sonus.

šumъ Geräusch russ. — *šumiskirna* strepitus, richtig: sie machen Geräusch Alter 56. Pott 1. 343. Vergl. *chmuas* Geräusch, Göttw. 2. 205.

552. tąga afflictio.

tuga serb. — *i tuga* Mühe Pott 1. 159. *barri thuga* gross Elend 2. 307. *te tugaven (tugoraf)* trauern 1. 425.

553. telę vitulus.

tele nsl. bulg. serb.; pol. cielę, gen. cielęcia. — *telentos* m. Kalb Puch. 49. *telentiskos* demin. ibid. *televeiko* adj. ibid. *relanto (tchelanto)* Pott 2. 286.

554. temelъ fundamentum.

temelj kroat. Fremdw.: griech. θεμέλιον. — *tinel* fondement Vaill. 62.

555. teska.*

teska Namensvetter russ. — *tjeska (tёska)* Böhtl. 7.

556. tёnja.*

tёnja nsl.; čech. stёň, stiň. — *tina* Schatten Puch. 54. *tinia* Wrat. 113.

557. tihъ tranquillus.

tichij ruhig, leise russ. — *tichёs* adv. lente Alter 224.

558. tikrъ speculum.

Slavische Elemente im Magy. 59: tiker, tükör, tyükör. — *tjekro (tiekro)* mirror hung. Bright LXXXIV.

559. tiranъ.*

tiranъ Tyrann russ. Fremdw. — tirano Böhtl. 7.

560. to id.

to in allen slavischen Sprachen. — to nlova phralja: diesen sprach er Puch. 66. to
avel to bývá das pflegt zu sein 67.

561. točilo torcular.

točilj, točio Schleifstein; točiti schenken und wetzen, eig. gehen und fliessen machen,
drehen serb. — točilo Schleifstein Bess.

562. tojaga baculum.

tojagъ bulg.; serb. tojaga. — tojag vergo, masse Vaill. Rumun. 49.

563. toporъ ascia.

toporъ nsl. russ.; bulg. toporiškъ Handhabe. — torér m. Beil Puch. 49. torér, torél
n. hache Pasp. 516, tover (тоɐɐ) Beil Böhtl. 20, torer securia Narb. tórern securia Alter
175. toréra Bess. torréro damin. Puch. 49. tober Pott 2. 284. o tórer Bern. 89. tober aus
engl. Bright LXXXV. Das zig. ist nicht aus dem slav. Wort entstanden: beide scheinen
vielmehr aus derselben Quelle entlehnt.

564. trajati durare.

traja bulg.; serb. trajati. — tray vie, train de vie; trav jo vie; traisaro je tralne,
nadva la vie Vaill. traïnava vie 60, may missto ti serao de kit traïsaïen bibnkhtak mieux
vaut mourir que de vivre si malheureux ibid. Rumun. 49.

565. trąba tuba.

trambika bulg.; pol. trąba u. s. w. — trambur tuba Narb.

566. trěba negotium.

trebati opus esse serb. — trebadu: so mange trebukla was mir zukommt Pott 1. 98.
308, 316, 317; 2. 291. na trebbava ich darf nicht 2. 484. trebal il faut Vaill. 48. traba
affaire 53, 56, salle un traba j'ai eu affaire 52.

567. trěmъ turris.

trem (trem odkriven subdiale) nsl., bulg. trem; serb. trijem; klruss. terem; pol. trzem
Fremdw. 61: τέρεμνον. — treno (tremno) m. Vorzimmer Wrat. 164, o tremno Flur, Vor-
haus Pott 2. 291. tremaïó, dremanó Liebich 133, 207. drémno Häuserden Bisch. trenus
atrium Narb.

568. trěskъ fulmen.

trěsk fulmen nsl.; bulg. tresk u. s. w. — trahua foudre, tonnerre Vaill. Rumun. 49.

569. trosъku.*

troskъ kaltes Fieber bulg. — trěska f. fièvre intermittente Pasp. 518. Man vergl.
trisara (trisura), ebenso trasind verb. schütteln Vocabul. ich zittere, bebe mit serb. tresti
se, tresem se tremo.

570. truna.*

truna, trumna pol. — truna f. Sarg Wrat. 152. Bisch. Pott 2. 291.

571. trupъ truncus.

trup nsl. serb. pol.: čech. troup. — trupos m. Leib, Leben Puch. 49. 61. Körper
Wrat. 141. corpus Narb. trúpo Körper Böhtl. 264. Fratze 31. trupo Liebich 162. trupo
Bisch. o trupa Bern. 89. truppa Körper bei den skand. Zigeunern Bugge, Beiträge 1.
149. trupeskéro adj. Wrat. 141. trupeskéri f. Camisol 139. trupéskro Bisch. troupos Vulcanius.
drupos, trápo body, cuerpo Borrow. trupa span. Bright LXXX. trupus engl. ibid. Pott 2. 291.

572. trъpěti pati.

trpěti, trpím čech. — trpinel verb. leiden Wrat. 114. 127.

573. turъnъ.[*]

turen nsl. Fremdw. 60. Slavische Elemente im Magy. 59: torony. — turnjo m. Thurm Vocabul. turno Bisch. turno m. castle. castillo Borrow. turnu Thurm Bess.

574. tysęšta mille.

tisíc čech. — tisícus tausend Puch. 13. tisiu Pott, Ztschr. 3. 327.

575. tъkъmъ aequalis; tъkъmo solum.

takmen kroat. — tokmu précisément Vaill. Rumun. 50.

576. tъma tenebrae.

tema nsl. u. s. w. — temlien (temlizza) Finsterniss Pott 1. 101, von dem nicht entlehnten zig. tavlo finster durch das slav. Suffix ica abgeleitet.

577. u Praepos. und Praefix.

uiti evadere nsl. u. s. w. — ugejtui (уряъх) ich würde weggehen Böhtl. 15.

578. udъ membrum.

oud čech. — udi, udy Glieder Puch. 67.

579. ugorъkъ.[*]

ugorek cucumis nsl. — boborka Gurke Wrat. 82. boborka neben boborki f. Vocabul. Puch. 50. aus Grallm. Kog. 89. Pott 2. 406. Aus dem Magy. Slavische Elemente im Magy. 60. Fremdw. 52.

580. ulica platea.

ulica nsl. serb. slovak. — ulíca, olíca f. (ulicha, olicha) street. calle bei den span. Zigeunern. Borrow Pott 2. 75; nlika. nnika rue; unikas ruelle Vaill. tíca Gasse Müller 178 stammt unmittelbar aus dem Magy. Slavische Elemente im Magy. 60.

581. valъ.[*]

val unda nsl. serb. — vālu Welle Bess. Rumun. val.

582. varъ calx.

var bulg. — var chaux Vaill. Rumun. var 16.

583. vatra.[*]

vatra ignis Fremdw. 68: alb. rumun. vatrъ focus, fundus domus. — vatro f. Feuerherd Puch 50. vatro m. Frauenhemd, verschrieben für Feuerherd Wrat. 115. Auslaut und Genus sind zweifelhaft Pott 2. 77. vatru foyer, demeure Vaill. vatrassi heissen in den Donauländern die ansässigen Zigeuner.

584. vęditi.[*]

povъditi fumo siccare, in anderen Gegenden vuditi nsl.; pol. powędzić. — vendzjuvava ich vertrockne siccor Pott 1. 425. vendtonno trocken; vennteno man geräuchert Fleisch aus Zippel Pott 2. 84. ist pol. wędzono von wędzić Fleisch räuchern.

585. večerja coena.

večerja nsl. u. s. w. Slavische Elemente im Magy. 60: vacsora. — račora f. Nachtmahl Vocabul.

586. verbjr.[*]

verbíř Werber čech. — verbíris m. Tänzer Puch. 60. verbírka f. ibid. Die Bedeutung Tänzer erklärt sich daraus, dass die Werbung mit Musik und Tanz verbunden war. Man vergl. Lenau's Gedicht: Die Werbung 1. 281.

44   Franz Miklosich.

587. veriga catena.

veriga, veruga nsl.; bulg. veriga. — *briga* f. chain, cadena Borrow. *i κering* Kette Pott 1. 154; 2. 80.

588. veseliti exhilarare.

veseliti se nsl. u. s. w. — *veselil* pr il devient gai Vaill. 70.

589. vedro urna.

vedro nsl.; pol. wiadro u. s. w. — *vedra* situla Narb. Ein in viele Sprachen, das alb., rumun., magy., lit. aufgenommenes slav. Wort.

590. vekъ aevum.

vek nsl.; serb. vijek u. s. w. — *veći (veci)* Ewigkeit Grellm. 316. Rumun. *sn vecii vecilor* in saecula saeculorum.

591. venьcь sertum.

venec čech. — *rjeurus (vieneus)* m. Kranz Wrat. 115.

592. vestъ nuntius.

vest nsl. — *vesta* nouvelle Vaill. o *vesta* la nouvelle 61. Rumun. veste 18.

593. vešalo.[*]

vješala serb. — *vešili* f. Galgen Wrat. 115.

594. veverica sciurus.

veverica nsl.; čech. veveřice. — *veverica* f. Eichhörnchen Wrat. 127. *beveriса* 82. *veveritska (weweritzka)* Bisch. Pott 2. 80. *weweritzku* Liebich 181. *beweritarhka* falsch Blutegel Bisch. *hirbirerha* ἐχίδνα Pott 2. 431. *herhirincha* f. star-lizard, salamanquesa. The proper meaning is squirrel Borrow, der auch *pirtblcho* m. lizard, lagarto; *piriblcha* f. damit in Verbindung bringt.

595. vešte.

već mehr serb. u. s. w. — *(n)veki* mehr. Aus Süditalien Ascoli 134.

596. vezati ligare; važe funiculus.

važe nsl.; bulg. vъže u. s. w. — *rindž (vinj)* hart, lien; *viulžu (vinjus)* souple Vaill. Rumun. vъndž flexibilitas; vъndžos flexibilis 18. Vergl. Slav. Elemente im Magy. 29.

597. vica.[*]

vica bulg.; rum. vics. Slavische Elemente im Ngriech. 12: βίτζα ῥάβδος. — *vica (vitcha)* f. verge, sarment Pasp. 43. 576. Vergl. *hisa* Rohr Wrat. 82. Pott 2. 425.

598. vigna.[*]

vigna (vighna) foyer bulg. Pasp. 43.; nsl. vigenj Hütte zur Verfertigung von Nägeln; vižeč; serb. viganj incus, officina fabri; čech. vyheň Esse, Schmiede; slovak. vyheň. Fremdw. 64. Slavische Elemente im Magy. 61. — *vigna (vighna)* f. la petite excavation où les forgerons nomades allument les charbons Pasp. 43. 577. *vignju* f. Esse, Schmiede Müller 172. Vorabul. *viguja* Mündlich. Dieses Wort scheint den Weg aus dem Zig. in die slavischen Sprachen gefunden zu haben: dafür spricht die Unerklärbarkeit desselben aus dem Slav.; die Bedeutung, die es erklärbar macht, dass gerade dieses Wort aus dem Zig. aufgenommen ward; dazu kommt folgende mir von Prof. B. Bogišić mitgetheilte Notiz: „A Canali (Konavli, südlich von Ragusa) c'è un villaggio, che si chiama Vignji, e nel villaggio vi sono più fabbri che nei villaggi circonvicini. Vivo nel popolo la tradizione, il villaggio esser stato fondato da Zingari. Neppure gli usi e costumi sono identici cogli altri Canalesi, c'è però da osservare, che nessuna famiglia v'ha nome serbo colla solita desinenza in ić: le famiglie si chiamano Baulo, Brondzan, Kortizija, Capor, Caput.‛

599. **vihrъ** turbo.
vihor nsl.; russ. vichrъ, vichorъ. — *cyclonu* turbo. Alter 80.
600. **vina** culpa.
vina čech.; pol. wina. — Vergl. *savoro san vinu* ihr alle seid schuldig Puch. 53.
601. **viniku.***
vinika wilde Rebe nsl. — *vinika* Gerte Böhtl. 266.
602. **vinogradъ** vinea.
winograd vinea pol.; russ. vinogradъ vitis vinifera. — *vinogradun* neben *anch* uva Alter 143.
603. **višnja.***
višnja nsl. serb.; bulg. višnъ. — *višna* ceriso Vaill. Rumun. višină, vižină 17.
604. **vizgъ.***
vizgъ das Wimmern; vižžatъ wimmern russ. — *ridžau (vijau)* bruissement für bruire Vaill.
605. **vlahъ** vlachus.
vlahъ romanus, vlachus, pastor serb. Fremdw. 64. — *rlakhos* m. *rlakhīna* f. valaque Pasp. 115. 578. *lakhluka* f. 327. *rlakh tchinghiané* tchinghianés de la Valachie 578. Les tchinghianés nomades appellent les sédentaires *likhos* 13. *Glaku* walachisch Müller 126 ist aus dem Magy. entlehnt. Slavische Elemente im Magy. 61.
606. **vlakъ.***
vlak rotis genus serb. — *okdvi* Netz Bess. vlakъ ist von vlk (vlěsti) trahere abzuleiten. Damit hängt wahrscheinlich auch rumun. olak Vorspann zusammen.
607. **vlъna** lana.
vlna čech. — *rlnos* m. Wolle Wrat. 115.
608. **vojevoda** bellidux.
vojvoda nsl. u. s. w. — *rojvódas (voivódas)* m. chef des voleurs Pasp. 578. *vojdo* m. Richter der Zigeuner Vocabul. Vergl. Slavische Elemente im Ngriech. 12: βοεβόδας.
609. **volja** voluntas.
volja nsl. serb.; bulg. volъ. — *voje, olya* voluntas Grellm. 316. Pott 2. 82. *vojo* m. Stimmung Müller 195. Vocabul.
610. **voziti** vehere.
vozitъ russ. — *ruziskirdo,* falsch *vozizkirdo,* vehere Alter 236.
611. **vožda.***
vodja in vodjira habena serb.; pol. wodza. — *vódja (vódu)* f. Zügel Puch. 50. *vodia, rodo* Wrat. 168. *voida* f. Halfter 135. *voida* Lenkseil, Halfter, Riemen Liebich 167. 206. 232. *vodjengero (vodéngero)* m. Riemer Puch. 50.
612. **vrana** cornix.
vrana nsl. serb.; čech. vrána. — *vrani* cornices Pott, Zeitschr. 3. 328.
613. **vražъba** magia.
vražba (vrajba) sabbat, wol in der Bedeutung Hexentanz; *vrat (vraj)* sortilège Vaill. Vergl. Rumun. 17. 18.
614. **vrěmę** tempus.
vrěme nsl.; serb. vrijeme. — *vrema* temps Vaill. 64. Rumun. vrěme 18.
615. **vrъhъ** cacumen.
Vergl. *virena* tourniquet Vaill.

616. vrъtěti vertere; vrъtežъ cochlea.

vrъtežъ cochlea bulg. — *virtao* tourner; *virtež* (*virtej*) tourbillon. Vergl. rumun. vъrtež Wagenwinde; vъrtedž trochlea, obes 18.

617. vъnukъ nepos.

vnuk čech. — *ninkus* m. Enkel Wrat. 100.

618. vъtorъnikъ dies martis.

outerek čech. — *outerkus* m. Dienstag Wrat. 100.

619. vy Praefix.

vy russ. čech. pol. — *rytingirir by* wollte ich streichen (peitschen); *rytingirdjil bylo* er hat ihn durchgeprügelt Böhtl. 15. *te rytængárdis* (тъ вычъгáрдъе) ausspeien 24. *rydžawa* evohi Narb. *rydžardun* eiicere Narb. *vylés* (вычéc) herausnehmen Böhtl. 25. *rzaykavés* (вычъккáéc) anzeigen Böhtl. 21; vergl. *rykavés* (гчыкъвáéc) zeigen 264.

620. vydra lutra.

vidra nsl. serb.; russ. vydra u. s. w. — *ridra* loutre und marmote Vaill. Rumun. vidrъ 18.

621. vyka.*

vika clamor nsl.; serb. vikati, vičem u. s. w. — *vika* Geschrei Puch 50, f. Wrat. 115. *vika* clamor Pott, Ztschr. 3. 330. *vičinel* verb. schreien Puch. 50, 55. Vocabul. *ričindja* er hat gekreischt, gejammert Müller 179. 193. *viktzava*, *vikizdava* verb. crier Pasp. 577.

622. vymę.*

vime nsl. serb.; russ. vymja. — *imjū* (иìйἒ) Euter Böhtl. 18.

623. vъвъlięga lorum.

stužka aus vъtužka dem. Band, Seidenband čech. — *stužka* f. Taffetband Puch. 48, Band Wrat. 111.

624. vъвъnkъ quilibet.

svaki serb. — *trdku*, *siko* jeder Wrat. 112. 139. *silko* jeder Müller 173. Vocabul. *silvno* tout Vaill. 60. *sikovar* jodesmal Müller 188. *sekovar*, *sekovari* semper Grellm. 316. *sekulij* täglich Vocabul. *siknjaku* verschiedenes Müller 184. jodweder Vocabul. Vergl. *hakko* jeder Bisch. Lieb.

625. za Adverb, Praeposition und Praefix.

zabyti oblivisci. — Dem gewissermassen nachgebildet ist *te zabistyrés* (тъ забѐстырѐс) vergessen; *te zabistyrdés* 265. Te *zachadés* (тъ захадáéc) anbrennen Böhtl. 263. te *zakadés* (тъ закадáéc) zabirats zusammenraffen Böhtl. 262. *zamarawa* zabić occidere Narb. *zaythandava* claudere Narb., eig. zavęzati zubinden.

626. zabaviti offendere, eig. wol aufhalten.

zabawić aufhalten; bawić się sich aufhalten pol. — *zabawisawa* morari Narb.

627. zablǫdъnъ erroris.

zábludný čech. — *zabludus* verirrt Böhtl. 16.

628. zarja, zorja splendor.

zarja, zorja nsl. u. s. w. — *zara* aurore; *zara* (*sara*) aube, blanchour; *zior* point du jour Vaill. Rumun. zarъ splendor 23.

629. zbytъ neben wzbytъ nimis pol., entsprechend einem asl. izbytъ* in izbytъkъ reliquiae. *zebut,* (*zebut* lohn zu viel Sulu) Pott 1. 304. *zebilti* (*zebilti*) Übergewicht Bisch. Das Wort ist dunkel: but ist zig. *but* multum.

630. zelenъ viridis.

zelon nsl. serb. bulg. u. s. w. — *zeleno* adj. grün Puch. 50. Vocabul. *ku zeleno ku dembycu* (ко зѣлено ко дѫмбцѫ) an die grüne Eiche Böhtl. 16. *zeljanum* viriditas Alter 180. *zeluv* in *zeluv stadji* a green hat Borrow, Gypsies 264. und in *zeluo* adj. grün Vocabul. ist nagy. zöld. *swella* Pott 2. 254. *swando* Liebich 158. ist durch Umstellung von zeleno entstanden; *zelin* grün Hess. *zolin* vert; *zolinos* verdure Vaill.

631. zmij draco.

zmaj nsl. serb. — *zma* dragon, cerf-volant Vaill. Rumun. zmeu 23.

632. zobъ avena.

zob serb. — *dżov* orge Pasp. 227. Huber Puch. 39. 70. Wrat. 88. *dżov* Böhtl. 267. *dżou* Alter 142. *dżovitko* adj. Pott 1. 100. *dżub (dżchob)* 2. 214. *dżchob* Liebich 206. *dżow* avena neben *żap* hordeum Narb. *jov* Aus Süditalien Gerste Ascoli 131. Im Auslaute wechseln auch sonst b und v: *bib*, *biv* Ofen Wrat. 147. *gab*, *gav* Dorf 126. Das anlautende dż mag in dem ursprünglichen dz für z begründet sein. Diese Darstellung ist jedoch unrichtig: das auch in Asien als *dżov (djev)* Pasp. 120. bekannte Wort ist hindust. pers. Auf die Form *ziib*. Mündlich, mag serb. zob eingewirkt haben, aus dem *zobo* m. Vocabul. mittelbar stammt. Slavische Elemente im Magy. 62: zab.

633. zrъcalo speculum.

zrcalo nsl. — *zrkalo* m. Spiegel Vocabul.

634. zubuиъ.*

zubun serb. Fremdw. 66: venet.-ital. zupon, rumun. zъbun. — *zubuno* tunica Mündlich. *buzuwis* f. Camisol Wrat. 139.

635. zvěrъ fera.

zvěrъ russ. — *zvěriža* animal Alter 147.

636. zvězda stella.

zvězda nsl.; serb. zvijezda u. s. w. — *zvězda* Stern Müller 202.

637. zvonъ tonus.

zvon nsl. serb. u. s. w. — *zvon* bruit, son, clameur, nouvelle Vaill. Rumun. zvon 23.

638. žaba rana.

žaba nsl. serb. u. s. w. — *żamba* f. Frosch Puch. 66. Vocabul. Narb. *żampa* f. grenouille Séd. Pasp. 43. 125. *zimba* 591. *dżamba* Wrat. 131. neben *żaba* 116. 131. *darkawaba*, *diamba* Kog. 41. *dżamba* Danil. 105. *dżchampa* Liebich 133. *schampa* Bisch. *capuj* Böhtl. 266. *żaubóri* demin. Puch. 67. *żaubička* 66. Pott 2. 233. Ngriech. ζάμπα Slavische Elemente im Ngriech. 16. Alb. *dżamby* Albanische Forschungen 1. 37. *Żampa* kennen die Zigeuner in Asien nicht Pasp. 125. Die Einschaltung des m ist befremdend.

639. žagy.*

żagiev Feuerschwamm pol. — *dżagev (dżchagven)* Zunder Pott 1. 110.

640. žalostь zelus.

żalost serb. — *żalostja (żalostia)* f. Gram, Kummer, Leid, Klage Wrat. 116. 134. 143.

641. žarъ.*

żarъ russ. — *żaros* neben *tatto*, *tatipe* aestus Alter 113.

642. želězo ferrum.

żelězo nsl. — *bleso* Eisen Mündlich.

643. žena mulier.

żena nsl. serb. u. s. w. — *żena* Gattin Müller 202.

644. **žila** vena.

žila mal. serb. čech. u. s. w. — žila Ader Puch. 68. džila (dechila) Ader Pott 2. 58. žyla, žyle Sehne 2. 233. žila f. veine Pasp. 43. 598. Wohl verschrieben zeita f. Ader Wrat. 116. Vergl. žilav (jilav) humide Vaill. Rumun. žilav 22.

645. **živica.***

žywica pol. — džerica (dschewiza) Harz Pott 1, 101.

646. **živina.***

živina animal mal. serb. — živina bête fauve Vaill. Rumun. živinъ 22.

647. **žlъtъ** flavus.

žlut čech.; pol. žolty; russ. želtyj. — džilto adj. gelb Wrat. 88. 133. dželto (dschelto) Liebich 150. 201. schelto Bisch. Ausland. žilta f. Bühtl. 9. žuto adj. stammt aus dem Serb. Vergl. džalo adj. Wrat. 133. žido Vocabul.

648. **žrъtvъnikъ** altare.

žertvennikъ russ. — žertevniku Altar Bess.

649. **županъ.***

župan kleros. pol. Fremdw. 66. — župancerka tunica talaris Narb.

———— ..

NACHTRAG.

bliskati fulgurare.

blyskati čech. u. s. w. — bljiskinla aus -nъla es blitzt. Vocabul. Ung.

butalъka.*

butalka Rührfass bulg. — budálku m. baratte Pasp. 189.

45. **cělъ** integer.

cela Born. 105.

čapka.*

czapka pol. u. s. w. Fremdw. 128. — čapkъ Mütze Vocabul. Ung.

čavka.*

čavka serb. slovak. u. s. w. Slavische Elemente im Magy. 23. — čъka Dohle. Unmittelbar aus dem Magy.

dabъ.*

dach kleros. slovak. pol. Fremdw. 83. — darhoъ Vocabul. Ung.

93. **dosyta.**

doku genug Wrat.-March. 91. aus dosta, dossa, dosa, wie bi aus asti, assi, asi, si.

98. **duhъ** spiritus.

dueô m. espirhtu spau. Mayo. Zweifelhaft ist duquende m. a spirit, ghost. duende Borrow. děla o dükhoъ il fait du vent l'esp. 203.

108. **gazuka.***

hasyka Tuch Ostgalizien.

109. gaždati.

karťus er fand Wrat.-March. 86. 3. von *hadzara*, wofür sonst *hadzinava* gebraucht wird.

gingav. *

gingav nsl. serb.; klruss. djengłyvyj Fremdw. 89. aus magy. gyenge. — *gengaro* adj. schwächlich.

113. ględèti spectare.

grndales Spiegel Vocabul. Ung.

gora mons.

gora nsl. serb.; čech. hora, hora. — *hnra* Berg Vocabul. Ung.

119. gorъkъ amarus.

gorak, grk serb. — *kherkho* adj. bitter Born. 100.

132. grobъ. Vergl. *gowr* bis Narb. ist zu streichen.

134. grošь. *

groši, garuši Groschen Born. 89.

139. grъmèti tonare.

griminel, griminnel es donnert Born. 106. 107. *herminra* es wird donnern aus *herminla* für *herminela* Vocabul. Ung.

hallř. *

hallř Heller čech. — Vergl. *jalleri* pl. Borrow. bei Pott 1. 89.

151. holeva. *

haler f. Hose Born. 88. *halof* Vocabul. Ung.

161. izъ ex Praefix und Praepos.

te ičinés zerreissen Böhtl. 24. *isrkagirava* ich werde zerbrechen izlomaju 22.

173. jezero. *

ezron tausend Vocabul. Ung.

jugъ auster, meridies.

jug nsl. serb.; čech. jih, jih u. s. w. — *jigo* m. Mittag, Süd Born. 88.

189. kljusę equus, asinus, iumentum.

kliaie soldier engl. Simson 296. Das Wort hangt mit *ngliató*, praes. *ngliáva* monter Pasp. 560, zusammen.

199. kopanja mensura quaedam.

kopanjo m. Trog Born. 88.

227. kruška pirum.

kruika f. Born. 88.

229. krčьma potus inebrians, caupona.

korčma Vocabul. Ung.

233. krъpa pannus.

kirpa, ekirpn f. toreben, chiffon Pasp. 287.

234. krъstъ Christus, crux.

kerstos Kreuz Vocabul. Ung.

lacin. *

lavin, laciný, lacný wolfeil čech.; pol. lacny leicht, Musse habend. Ein dunkles Wort. — *lacno* adj. wolfeil Born. 100.

lompavъ. *

lompav fremd aus dem deutschen Lump mit slav. Suffix. — *lomparo* adj. faul Born. 100.

lubenica. *

lubenicu Wassermelone serb. — lubunici f. Kartoffel Born. 88.

274. lěgъkъ levis.

puliků adv. langsam; *pulikeder* langsamer Born. 118.

278. mъčъka. *

mčka (*mětchka*) f. chatte Pasp. 618, vielleicht ein Druckfehler.

měriti metiri.

měriti nsl.; serb. mjeriti u. s. w. — *merisel, merind* messen Born. 107.

294. mъsьnica. *

mesnica Fleischbank Born. 90.

mlaka.

mlaka Lache nsl.; serb. mlaka Wasserbaden u. s. w. — *mlaka* Sumpf Vocabul. Ung.

299. mlinъ.

mlina m. Mühle Born. 98. 119.

305. more.

Mein heisst *nig, mara, muaro* Vaill. 41. *miuro, mindo,* an Pasp. 69. Mo wird in Anreden gebraucht: *so kerdan, mo?* qu'as-tu fait, ô mien? 365. *mo, so sanal isản?* ô mienne! comme tu es délié! 366.

308. mostъ pons.

Vergl. *mosto* m. Truhe Born. 88. 98. *mostto* Puch. 44.

318. na da hast du.

na Pott 1. 816.

327. nebaj.*

nek pijł, pijel, pijas, pijev Born. 112.

332. němъcъ.

o ninco Born. 88, *njemviko* Gulden Vocabul. Ung.

ni — ui neque — neque.

me ni na hả ni pijả neque edo neque bibo; *me ni va khelả ni na brải* neque salto neque saltev Born. 119. Die türk. Zigeuner haben *ne — ne: ne rakll isl ne sinid* il n'y avait ni fille ni table Pasp. 388. Vergl. *nikaj* nusquam Born. 118. *nikvdu, nikla* nunquam 118. *nikutar* nirgend Wrat-March. 90.

339. oblokъ.*

o bloki Born. 87. *oblaka* Vocabul. Ung. magy. ablak.

340. obrazъ.

obrazis Bild Vocabul. Ung.

353. opad: opasti.

apatind magy. apadok Born. 106. *ăr apatindě* kiapadtak 122.

orlъ aquila.

orlas Adler Vocabul. Ung.

358. ostrъ.

ostro scharf Vocabul. Ung.

360. otъ Praefix und Praepos.

otprhandto (отпхандэ̂) öffnen Bühl. 22.

pálenku Joch.

paljenka Branntwein Vocabul. Ung. magy. pálinku.

palica virga, fustis.

palca Stock Vocabul. Ung. magy. pálcza.

parta usl. Fremdw.

parta f. ribbon, cinta Borrow. Pott 2. 345. magy. párta Kopfputz der Mädchen. Slav. Elemente im Magy. 44.

368. papъ.

pepek pol. — *pemka* Nabel Pott 2. 356.

pléva palea.

pleva (*plevica*) Spreu Pott 1. 296. Vergl. *pléva* herbe Pasp. 444.

ploštka cimex čech.

plъt in *jutiplut* punaise; *juti* puce, *jutiman* pou Vaill. Vergl. * džuv* Laus Puch. 39. Rumun. plъšnicъ.

389. po Adverb, Praeposition und Praefix.

In der Gradation: *o pu barvéér* le plus grand Pasp. 164. In der Distribution: *po jek* 191. *po dъl u pemluda ghróta* 167. *po je karvo* Born. 100. Vergl. Pasp. 440. In der Bedeutung post: *po takhiára* après demain Pasp. 502. Als Praefix: *popъjъ* (попил) aus *popъjъl* russ. popalъ Böhtl. 265. *pъtrodéъ* (потрадже) ein wenig jagen 20.

397. podъ.

u půdo Boden Born. 88.

podъ Praefix und Praepos.

pъdčinéъ (подчинже) russ. podřezatь ein wenig abschneiden Böhtl. 24. *pъdmatéъ* (подматже) russ. podpivatь sich öfters betrinken 23.

poľъdъne meridies.

půloplano Nachmittag Born. 118; *plano* ist slovak. poludní meridianus.

410. povije.*

Man beachte die verschiedene Bedeutung des mit vězda supercilium verwandten serb. und des zig. Wortes und füge zu den angeführten wohl mit sind. bhrū zusammenhangenden zig. Wörtern noch hinzu: *puv* sourcil Pasp. 444. und *pchovv* Puch. 46.

pozorъ.

čech. pozor. — *d(e) pre tute pizoria* gib acht auf dich Vocabul. Ung.

415. prě Praefix.

perepchágirde (перепхáгирдж) sie haben zerbrochen Böhtl. 18. 22.

420. pri Praefix und Praeposition.

ki pri šukáre rakija bešel er sitzt bei schönen Mädchen Born. 99.

427. pro Praefix und Praeposition.

procívъ (прочивж) vergiessen Böhtl. 24. *prodéivъ* (продживж) für *prodživъ* verleben 24. *protadava* ich werde fortjagen 20. Man beachte die Futurbedeutung des Praesens wie bei den perfectiven Verben im Slav.

432. puška.*

puška Vocabul. Ung.

skrilo.*

skrzydło pol. — *skridlos* Flügel Vocabul. Ung.

494. sluga.

i služina Magd Born. 89. 121.

514. stolъ.

stolka Stubl Vocabul. Ung.

stromъ.*

strom čech. — *stromac* Baum Vocabul. Ung.

613. světъ.

o srito für orszdg Born.

syrъ.

sýr čech. — *sir* Quark Puch. 47.

sъklepъ.*

sklep čech. — *skljepa* Gewölbe Vocabul. Ung.

taj.

-taj klrusa. — *taj* und Born. 119.

577. u Praefix und Praeposition.

uharajd es ist gut gerathen Böhtl. 262. *ulašavča* (уламавӗс) erdrücken 21. *ujehamlča* (уухамдёс) verstecken 22.

605. vlahъ vlachus.

rlahiko m. Walach Born. 89.

609. volja voluptas.

volakero adj. lustig Born. 101.

619. vy Praefix.

vyčinés (вычинёс) ausreissen Böhtl. 24. *vyčicés* (вычиӗзс) hinauswerfen 24. *vydčas* (выдчас) aus *vydčas* hinausgehen 24. *vyklnes* (выкӗнзс) loskaufen 19. *vymekés* (вымекӗс) hinauslassen 23.

620. vydra lutra.

Vergl. *o vldrisko* *kiruli* Müller 173. 174.

vъ Praefix und Praeposition.

vdčas (вдчас) aus *vdčas* hineingehen Böhtl. 24. *vmakés* (вмакӗс) einschmieren 23. *ctradčés* (втрадӗс) hineinjagen 20.

624. vъsakъ.

sakovako auf alle Art Born. 105. *sdkodi* täglich Müller 173.

625. za Adverb, Praefix und Praeposition.

te začkavčs (те закавӗс) dazu essen Böhtl. 20. *zalydčas* (задыдчас) aus *zalydčas* hinausführen 26. *zamakchés* (вамакхӗс) beschmieren 23.

zalogъ frustum.

zalog wenig Born. 105. *zalogeder* compar. ibid.

647. žlъtъ flavus.

žutô gelb Born. 101. *žutôlo* gelblich ibid.

ABKÜRZUNGEN.

Bat. s. Literatur: Bataillard.

Bess. Vocabular aus Bessarabien.

Bêlg. Vocabular aus Bêlgorod in Russland.

Bisch. s. Literatur: Bischoff.

Böhtl. s. Literatur: Böhtlingk.

Born. s. Literatur: Borncmisza.

Borr. s. Literatur: Borrow, G., The Zincali.

Campuz. s. Literatur: Campuzano.

Cank.: A. und D. Kyriak Cankof, Grammatik der bulgarischen Sprache. Wien 1852.

Danil. s. Literatur: Danilowicz.

Fremdw. Meine Abhandlung: Die Fremdwörter in den slavischen Sprachen. Denkschriften XV.

Heuf. s. Literatur: Heufler.

Kog. s. Literatur: Kogalnitschan.

Müller s. Literatur: Müller, Fr.

Mündlich s. Literatur.

Narb. s. Literatur: Narbutt.

Nom. Aus der Sprache der nicht sesshaften Zigeuner der Türkei.

Pasp. s. Literatur: Paspati, A. G., Etudes.

Puch. s. Literatur: Puchmayer.

Rumun. Meine Abhandlung: Die slavischen Elemente im Rumun. Denkschriften XII.

Sêd. Aus der Sprache der sesshaften Zigeuner der Türkei.

Slavische Elemente im Magyarischen. Meine Abhandlung über diesen Gegenstand. Denkschriften XIX.

Vaill. s. Literatur: Vaillant, Grammaire.

Vocabul. Vocabular aus Ungern.

Vocabul. Ung. Vocabular aus der Gegend von Unghvár.

Wrat. s. Literatur: Wratislaw, Versuch.

Wrat.-Märchen s. Literatur: Wratislaw: Märchen.

LITERATUR.

Das folgende Verzeichniss enthält für diejenigen, die sich noch mir mit der Zigeunerfrage beschäftigen werden, alle mir bekannt gewordenen Schriften und bedeutenderen Artikel über Sprache, Geschichte, rechtliche und sociale Stellung der Zigeuner. Die Grundlage bei Pott's Verzeichniss. Was ich durch eigenen Gebrauch kennen gelernt habe, ist mit einem Sternchen bezeichnet.

*Alter, F. C., Über die samskerdamische Sprache, vulgo Sanskrit. Wien 1799. Pott 1. 19. Nach der Vorrede III. stammt das Wörterverzeichniss grösstentheils (der zigeunerische Theil ausschliesslich) aus dem Petersburger vergleichenden Wörterbuch (Vocabularia). Alter's Angaben sind nach dem Original berichtigt und ergänzt.

*Anzeigen aus sämmtlichen k. k. Erbländern. V. VI. Wien 1775. 1776. V. Von dem heutigen Zustande, sonderbaren Sitten und Lebensart, wie auch von denen übrigen Eigenschaften und Umständen der Zigeuner in Ungarn 159. Zigeunerische Wörter nebst ihrer Bedeutung 94. Das Vaterunser zigeunerisch 95.

*Ascoli, G. J., Zigeunerisches. Halle 1865.

*Bartalus, St., A czigány és viszonya zenénkhez. In: Budapesti szemle. Neue Folge. III. Band. 107—120. 290—309. IV. Band. 35—74. Pest 1865. 1866.

*Bataillard, Paul, De l'apparation et de la dispersion des Bohémiens en Europe. Bibliothèque de l'École des Chartes V. 438—475. 521—539. Paris 1843. 1844. Nouvelles recherches. Troisième série. Tome premier. 14—55. Paris 1849.

*Bataillard, Paul, Les derniers travaux relatifs aux Bohémiens dans l'Europe Orientale. Revue critique. Paris 1871. 191—217.

*Baudrimont, A., Vocabulaire de la langue des Bohémiens habitant les pays basques français. Extrait des Actes de l'Académie Impériale des Sciences, Belles-Lettres et Arts de Bordeaux. Bordeaux 1862.

Bernard, H., Moeurs des Bohémiens de la Moldavie et de la Valachie. Paris 1869. Vergl. Revue critique Paris 1870. 28. mai.

Beschreibung des Chursachs. allgemeinen Zucht-, Waisen- und Armenhauses zu Waldheim. Dresden und Leipzig 1726. Pott 1. 12.

Beytrag zur rottwellischen Grammatik oder Wörterbuch von der Zigeunersprache. Frankfurt und Leipzig 1755.

*Biester, Berlinische Monatsschrift. Berlin 1793. Band XXI. Februar 108—165. April 360—393. Pott 1. 17.

*Bischoff, F., Deutsch-zigeunerisches Wörterbuch. Ilmenau 1827. Pott 1. 21.

Blicher, Sten, Viborg Amt beskrevet. Kjöbenhavn 1839.

*Böhtlingk, Otto, Über die Sprache der Zigeuner in Russland. Bulletin de la classe historico-philologique. St. Pétersbourg 1853. X. 1. 261.

Borck, Le baron de, Mémoire historique sur le peuple nomade appelé Bohémien. Oeuvres diverses. Paris 1802.

*Bornemisza, J., A' czigány nyelv elemei in: Ujmagyar muzeum. Kiadják a' Magyar Academia több tagjai. Harmadik folyam. Pest 1853. Második kötet. 83—122.

Dorov, Cygano. Etnografičeska očerka. In dem in Constantinopel erscheinenden bulgarischen Journal Čitalište 1870. Nro. 6.

*Borrow, G., The Zincali; or, an account of the Gypsies of Spain. With an original collection of their songs and poetry, and a copious dictionary of their language. London 1841. Pott 1. 24.

*Borrow, G., The Zincali. An account of the Gypsies of Spain. New edition. London 1861.

*Bright, R., Travels from Vienna through Lower Hungary. Edinburgh 1818. LXV—XCII.

Brückmann, Von den Zigeunern und ihrer Lebensart in Ungarn: Breslauer Sammlung. XXXIII. Theil. Seite 69.

*Bryant, J., Collection on the Zingara, or Gypsey language. Archaeologia. London 1785. VII. 387—395. Pott 1. 16.

*Bugge, S., Vermischtes aus der Sprache der Zigeuner. Beiträge zur vergleichenden Sprachforschung. I. 139—155.

*Campuzano, R., Origen, usos y costumbres de los Gitanos, y diccionario de su dialecto. II. edicion. Madrid 1851.

*Caronni, F., Caronni in Dacia. Mie osservazioni locali, nazionali, antiquarie sui Valacchi specialmente e Zingari Transilvani. Milano 1812.

Cruzillo, E., Vocabulario del dialecto Gitano. Madrid 1844.

*Cyganie w królewstwie polskim. Im Dodatek zur Gazeta Lwowska 1851. 14. 15.

*Czacki, T., Dzieła. Poznań 1844. 1845. 3 vol. O cyganach III. 285—304 Enthält werthvolle Nachrichten über die Geschichte der Zigeuner in Polen.

*Danilowicz, J., O cyganach wiadomość historyczna. Wilno 1824.

*Diccionario del dialecto Gitano. Origen y costumbres de los Gitanos. Contiene mas de 4500 voces. Por A. de C. Barcelona 1851.

*Diefenbach, L., Berliner Jahrbücher für wissenschaftliche Kritik. Berlin 1842. 367—396. Pott 1. 24.

Dirks, J., Geschiedkundige onderzoekingen aangaande het verblijf der Heidens of Egyptiärs in de Noordelijke Nederlanden. Utrecht 1850.

Domeny de Rionsi, G., De l'origine des Tzengaris. Revue encyclopédique. Paris 1832. Novembre 365—373. Pott 1. 22.

Dorph, N. V., Rotvaelsk Lexicon. Viborg 1824.

Dorph, N. V., De jydske Zigeunere og en rotvaelsk Ordbog. Kjöbenhavn 1837. Recensiort von Henrichsen in Maanedskrift for Literatur Vol. XVIII. 1837.

Dyrlund, Tater- og Natmandsfolk i Danmark betragtede med Hensyn til Samfundsforholdene i det Hele. Kjöbenhavn 1872.

*Elvert, Chr. d', Zur Geschichte der Zigeuner in Mähren und Schlesien. In: Schriften der historisch-statistischen Section der k. k. mährisch-schlesischen Gesellschaft des Ackerbaues, der Natur- und Landeskunde. Brünn 1859. Band XII. 110—144. Das Werk enthält eine sorgfältige Zusammenstellung der von der Regierung gegen die Zigeuner getroffenen Massregeln.

Enyessei, G., Über Ursprung, Sprache und Schicksal der Zigeuner. Komorn 1798. Halle'sche Allgemeine Literaturzeitung 1801. Intelligenzblatt 1799.

*Etzel, A. v., Vagabondenthum und Wanderleben in Norwegen. Berlin 1870. Mit Benutzung von Eilert Sundt's Werk.

Evangelium Lucae. Embéo e majaró Lucas. El evangelio segun S. Lucas traducido al romaní ó dialecto de los Gitanos de España (von G. Borrow.) 1837. Pott 1. 24.

*Fáudly, G., Historia compendiata gentis slavae Georgii Papanek. Tyrnaviae 1793. De postrema in Europa natione zingarica. 280—286.

Faut, Erich M., Dissertatio. Observationes historiam Zigeunerorum illustrantes. Upsala 1791. 14 pagg. in 4. Wird auch unter Rabenius angeführt.

*Födisch, J. E., Böhmische Zigeuner. In: Mittheilungen des Vereines für Geschichte der Deutschen in Böhmen. IV. Jahrgang. Prag 1866. 202—209.

*Fritsch, De Zigeunorum origine, vita et moribus. Jenae 1660.

*Gerando, A. de, La Transylvanie et ses habitants. Paris 1845. 2 vol. 1. 179—196.

*Globus. Illustrirte Zeitschrift für Länder- und Völkerkunde. Hildburghausen IX. 1865. Leben und Treiben der Zigeuner. 1. Auf dem Monte Sacro in Granada 46. 2. Abstammung und Sprache der Zigeuner. Von A. Boltz. 50. 3. Abstammung und Sprache der Zigeuner. Von A. Boltz. 75. XI. 1867. Die Vorstadt Triana und die Zigeuner 132.

*Gräberg de Hemsö, Doutes et conjectures sur les Bohémiens et leur première apparition en Europe. Academia di Torino, 1813. 17—40. Der Verfasser sucht nachzuweisen, dass die Zigeuner seit dem dreizehnten Jahrhundert in Europa sind.

*Graffunder, Über die Sprache der Zigeuner. Erfurt 1835. Pott 1. 22.

*Grellmann, H. M. G., Historischer Versuch über die Zigeuner. II. Aufl. Göttingen 1787. Pott 1. 14.

Grellmann, H. M. G., Über den Ursprung der Zigeuner. Schlözer's Staatsanzeiger Heft XVI. Seite 440.

Grolman, F. L. A. v., Wörterbuch der in Deutschland üblichen Spitzbubensprachen. Giessen 1822. 1. Pott 1. 16.

Hannikel oder die Räuber- und Mörderbande zu Sulz am Neckar. Tübingen 1787. Pott 1. 17.

*Harriot, J. Staples, Observations on the oriental origin of the Romnichal, or tribe miscalled Gypsey and Bohemian. Transactions of the Royal Asiatic Society. London 1830. II. 518—558. Pott 1. 21.

Hasse, J. G., Zigeuner im Herodot. Königsberg 1803. Pott 1. 20.

Heister, C. v., Ethnographische und geschichtliche Notizen über die Zigeuner. Königsberg 1842. Pott 1. 26.

Hervas, Laur., Vocabolario poligloto. Cesena 1787. Pott 1. 13.

*Heufler, L. R. v., Zigeunerisches Wörterverzeichniss, 1850 einem Zigeuner in Hermannstadt abgefragt. Mittheilungen der k. k. geographischen Gesellschaft. Wien 1858. II. 50—52.

*Hopf, C., Die Einwanderung der Zigeuner in Europa. Gotha 1870.

Horky, Zur Geschichte der Zigeuner. In: Brünner Wochenblatt 1824 Nr. 6, 9. Von d'Elvert 130 angeführt.

Hoyland, J., Historical survey of the customs etc. of the Gypseys. York 1816. Pott 1. 20.

Irvine, On the similitude between the Gypsey and Hindoostani language. Transactions of the Literary Society of Bombay. 1819. Pott 1. 20.

*Jimenez, D. A., Vocabulario del dialecto Jitano, con cerca de 3000 palabras. II. edicion. Sevilla 1853. 116 pagg. in 16. Die erste Ausgabe erschien 1846.

*Jordan, De la Croze. Amsterdam 1741. Pott 1. 12.

*Kindler, J. P., Interessante Mittheilungen über die Zigeuner. Nürnberg 1831. Pott 1. 22.

*Kogalnitschan, M. de, Esquisse sur l'histoire, les mœurs et la langue des Cigains. Berlin 1837. Pott 1. 23.

*Kohl, J. G., Reisen in Südrussland. Dresden und Leipzig 1841. I. 100—102. 234. 280. Pott 1. 24.

*Leist, A., Die Sprache der Zigeuner. Nach eigener Erforschung. Ausland 1864. 880—884.

*Liebich, R. Die Zigeuner in ihrem Wesen und ihrer Sprache. Leipzig 1863.

Ludolphus, Job, Commentarius ad historiam aethiopicam. Francoforti ad Moenum 1691. Pott 1. 6.

Magazin, Hannoversches, 1841. Nr. 40. 63. 64. Pott 1. 24.

*Marsden, W., Observations on the language of the people commonly called Gypseys. Archaeologia. London 1785. VII. 382—386. Pott 1. 16.

*Materialy dlja geografii i statistiki Rossii. Nachrichten über die Zigeuner enthalten mehrere Bände dieses umfangreichen Werkes.

*Mayo, Francisco de Sales, El Gitanismo. Historia, costumbres y dialecto de los Gitanos. Por Fr. de Sales Mayo. Con un epítome de gramática Gitana, primer estudio filológico publicado hasta el día, y un diccionario caló-castellano. Por Francisco Quindale. Novísima edición. Madrid 1870. 76 und 76 pagg. in 16.

*Michel, Francisque, Le pays basque. Paris 1857. Les Bohémiens du pays basque. 124—146.

Molnár, Specimen linguae zingaricae. Debrecin 1798. Pott 1. 19.

*Müller, Fr., Beiträge zur Kenntniss der Rom-Sprache in den Sitzungsberichten 1869. XLI. 149—206.

Müller, J. v., Untersuchungen über die Herkunft der Zigeuner. Geschichte der schweizerischen Eidgenossenschaft. Leipzig 1806. III. 116.

*Narbutt, Th., Rys historiczny ludu cygańskiego. Wilno 1830. Słownik języka cygańskiego 152—169.

*Newbold, The Gypsies of Egypt. The Journal of the Royal Asiatic Society of Great Britain and Ireland. London 1856. Mit den Mittheilungen von H. S. Riekards über die Zigeuner Aegyptens, Syriens und Persiens. XVI. 285—312.

*Ousely, W., Travels in various countries of the East, more particularly Persia. London 1823. Vol. III. 400—401. Pott 1. 21.

*Paspati, A. G., Memoir on the language of the Gypsies, as now used in the Turkish empire. Journal of the American Oriental Society. Newhaven 1862. VII. 143—270.

*Paspati, A. G., Études sur les Tchinghianés ou Bohémiens de l'Empire Ottoman. Constantinople 1870. Das vortreffliche Werk behandelt in erschöpfender Weise die Sprache der Zigeuner Rumeliens und theilt Wichtiges über die Sprache der Zigeuner Asiens mit.

*Passa, Joubert de, Essai historique sur les Gitanos. Annales des Voyages. Paris 1827. XXXIII. 289—362.

Possart, F., Ausland 1836. 30. September. Vergl. auch Ausland 1833. 163. 337. 342. 346. Pott 1. 23.

*Pott, A. F., Die Zigeuner in Europa und Asien. Halle 1844. 1845. 2. Bände.

*Pott, A. F., Über die Sprache der Zigeuner in Syrien. Zeitschrift für die Wissenschaft der Sprache. Berlin 1846. I. 175—186.

*Pott, A. F., Über die Zigeuner. Zeitschrift der deutschen morgenländischen Gesellschaft. III. 321—335. Neueste Beiträge zur Kenntniss der Zigeuner und ihrer Sprache VII. 389—399.

*Pottinger, H., Travels in Beloochistan and Sinde. London 1816. Loorves 152—154. Deutsch Weimar 1817. 229—232. Pott I. 20.

Predari, F., Origine e vicende dei Zingari, con documenti intorno le speciali loro proprietà fisiche e morali, la loro religione, i loro usi e costumi, le loro arti e le attuali loro condizioni politiche e civili in Asia, Africa ecc. con saggio di grammatica e di vocabulario dell' arcano loro linguaggio. Milano 1841. Pott I. 25.

*Puchmayer, A. J., Románi Čib, das ist: Grammatik und Wörterbuch der Zigeuner-Sprache nebst einigen Fabeln in derselben. Prag 1821. Der Verfasser, Pfarrer zu Radnitz in Böhmen, ist nicht nur durch seine von Pott I. 20. als vorzüglich anerkannte Schrift über die Sprache der Zigeuner, sondern auch durch sein „Lehrgebäude der russischen Sprache Prag 1820" und durch čechische Dichtungen rühmlich bekannt. Er starb am 29. September 1820. Wie sein Biograph, Ad. Sedláček, erzählt, pflegte er fähigere Zigeunerknaben einzeln zu sich zu locken, die Angaben der einen durch die anderer zu controliren, Mittheilungen, die sich als richtig erwiesen, zu belohnen, lügenhafte zu bestrafen, und gelangte so in einem Zeitraum von zehn Wochen zu der möglich grössten Kenntniss der Zigeunersprache.

Richardson, D., An account of the Bazeegurs, a sect commonly called Nuts. Asiatic Researches. London 1803. VII. 451—479. Pott I. 17.

Roberts, S., The Gypsies. London 1836. 1842. Pott I. 23.

*Rösler, R., Zur Frage von dem ältesten Auftreten der Zigeuner in Europa. Ausland 1872. 406.

Rosenberg oder die im preussischen Staate entdeckte Zigeunerverschwörung. Denkwürdigkeiten der preussischen Staaten. 1802 Juni. Pott I. 19.

Rüdiger, J. C. C., Neuester Zuwachs der Sprachkunde. Halle 1782—1793. Pott I. 13.

*Serwatowski, H., O cyganach w Galicyi. Przegląd poznański. 1851. XIII. 412.

*Setzen, U. Jasper, Reisen durch Syrien, Palaestina, Phönicien, die Transjordan-Länder, Arabia Petraea und Unter-Ägypten. Berlin 1854. II. Wörterverzeichniss aus der Sprache der Zigeuner Syriens 184—189. Vergl. Pott I. 20.

*Simson, W., A history of the Gypsies with specimens of the Gypsey language. London 1865.

Sloet, Bijdrage tot de geschiedenis der „Heidenen" in Gelderland. Bijdrage tot de vaderl. geschied. 1847. V. 93.

Sprengler, F. R., Dissertatio historico-iuridica de Cinganis sive Zigeunis. Lugduni Batavorum 1839. Pott I. 24.

Storch, Über die Zigeuner im Königreich Preussen. Preuss. Provincialblätter 1833. X. 426.

*Sundt, Eilert, Beretning om Fante- eller Landstrygerfolket i Norge. Christiania 1852. Andet Oplag. Mit vier Fortsetzungen 1859. 1862. 1863. 1865. Das Hauptwerk enthält 364—392 einen Anhang: Ordfortegnelse til det norske og svenske Fantesprog.

Tetzner, Th., Geschichte der Zigeuner. Weimar 1855. Pott I. 22.

Thomasius, Dissertatio philosophica de Zingaris. Lipsiae 1677. Deutsch 1748.

Vaillant, J. A., Origines, langage et croyance des Romûni Zindromes et Zindcali. Revue de l'Orient IV. Paris 1844. 127.